POLYGLOTT

London

zu Fuß entdecken

Gehen Sie zu Fuß auf Entdeckertour und erkunden Sie Ihre Lieblingsstadt mit all ihren Facetten und verborgenen Winkeln. Jede Tour führt Sie in eine andere Gegend, lässt Sie überraschende Eindrücke sammeln und Altbekanntes neu genießen.

Zeichenerklärung:

Wann

Sie sind viel im Freien unterwegs – am schönsten bei Sonnenschein

Überwiegend im Inneren – macht auch bei Regen Spaß

Am schönsten in der Abenddämmerung und danach

Dauer · Distanz

kurz Ein Spaziergang mit schönen und interessanten Orten zum Verweilen

mittel Mittellanger Fußweg und Sehenswürdigkeiten, die einen langen Aufenthalt lohnen

lang Langer Fußweg mit vielen Stationen, für die Sie sich viel Zeit nehmen sollten

Farbsystem:

- Zentrum
- Norden
- Osten
- Süden
- Westen

Herausragende Sehenswürdigkeiten sind mit * gekennzeichnet. Die Touren leiten von einer Station des öffentlichen Nahverkehrs, Ⓤ und DLR, zu einer anderen, Parkplatzsuche überflüssig.

Unsere besten city-Tipps:

Hotels **Seite 128**

Aster House • The Berkeley • Egerton House Hotel • The Fielding Hotel • The Main House • Malmaison • The Rockwell • Rose and Crown Hotel • The Soho Hotel • Windermere Hotel

Restaurants **Seite 132**

Al Hamra • Bellamy's • Carluccio's • Le Coq d'Argent • The Glasshouse • Gordon Ramsay • Inn the Park • Masala Zone • Plateau • Roast • Roka • Rules • Wapping Food • The Wolseley • Yming

Shopping **Seite 138**

Bates The Hatter • Books for Cooks • Borough Market • Cath Kidston • The Conran Shop • Floris • Fortnum & Mason • Jo Malone • Paperchase • Rococo • Selfridges • The Spice Shop • Tomtom • R. Twinings & Co • VV Rouleaux

Nightlife **Seite 144**

Baltic • Bar Rumba • Cargo • Duke's Hotel • FABRIC • 93 Feet East • Jazz Café • Ministry of Sound • South Bank Centre • Vertigo 42

Preiskategorien im Überblick:

Hotel (DZ inkl. Frühstück):		Restaurant (Menü):	
❍❍❍	ab £ 220	❍❍❍	ab £ 50
❍❍	bis £ 220	❍❍	bis £ 50
❍	£ 80 bis 150	❍	£ 15 bis 30

mittel

Royal London: Buckingham, Pomp und Paraden

Royal Mews → Queen's Gallery → Buckingham Palace → Wellington Barracks → St. James's Park → The Mall → Clarence House → Spencer House → Green Park

Vorbei die Zeiten, da Queen Victoria ihr Zepter über ein Weltreich schwang. Doch die Briten wollen ihre Royals nicht missen. Die Queen steht für bleibende Werte in einer sich ständig verändernden Welt. Rund um Buckingham Palace erlebt man auf einem entspannten Spaziergang königliches Ambiente in Straßen und Palästen.

Start: Ⓤ Victoria Station (Victoria/District/Circle Line)
Ziel: Ⓤ Green Park (Jubilee/Victoria/Piccadilly Line)
Wann: bei sonnigem Wetter, rechtzeitig vormittags (wegen Changing of the Guards)

Steigt man nördlich der Bahnhofshalle von **Victoria Station** aus dem Untergrund ans Tageslicht, glänzt rechter Hand in Victoria Street ein neues Shoppingcenter aus Glas und Stahl in der Sonne. Nach Norden führt Grosvenor Gardens auf eine hohe Mauer zu, hinter der sich der Garten von Buckingham Palace (18. Jh.) verbirgt. Erster Stopp sind die königlichen Stallungen, die **Royal Mews ❶**, mit ihren prächtigen Staatskarossen (Ende März bis Okt.). Nebenan, im Südflügel von Buckingham Palace, zeigt die **Queen's Gallery ❷** Gemälde und Kunstwerke aus königlichem Besitz (tgl. 10–17.30, Einlass bis 16.30 Uhr).

Buckingham Palace

Die Queen logiert im ersten Stock des Nordflügels. Ist sie zu Hause, flattert anstatt des Union Jack das königliche Banner auf dem **Buckingham Palace ❸**. Wenn von Ende Juli bis Ende September die **Staatsräume** in »Buck House« jedermann offen stehen (9.30–18 Uhr, letzter Einlass 15.45 Uhr) ist es ein besonderes Gefühl über die roten Teppiche zu wandeln, den Thronraum anzuschauen und in der Picture Gallery unschätzbare Kunstwerke, u. a. von Rembrandt, Vermeer und Poussin, zu sehen.

Auf dem weiten Asphaltrund am **Queen Victoria Memorial ❹** aber gilt 11.30 Uhr als magischer Zeitpunkt (April–Juli tgl., sonst jeden 2. Tag). Ein Heer von Menschen drängelt sich um die besten Plätze am eindrucksvollen Tor, Trommelwirbel und gebrüllte Kommandos erfüllen die für Paraden geradezu prädestinierte Allee **The Mall,** und auch von St. James's Park her marschieren Mitglieder der Leibgarde zum **Changing of the Guards** auf. Über den sich reckenden Köpfen klicken die Fotoapparate – das Spektakel der Uniformierten und Pferde ist so perfekt wie der manikürte Rasen in **St. James's Park ❺**. Zeit zu entspannen, um von einem Liegestuhl oder der kleinen Seebrücke aus den Blick über die Baumkronen zum Regierungsviertel schweifen zu lassen.

Changing of the Guards

In Birdcage Walk liegen die **Wellington Barracks ❻** (tgl. 10–16, Kasse bis 15.30 Uhr) mit dem Museum der königlichen Leibwache. **Horse Guards Road** zeigt die Rückseite von Downing Street und einen großen Platz, auf dem jedes Jahr im Juni »Trooping the Colour«, die Geburtstagsparade der Queen,

Blick aus St. James's Park

inszeniert wird. Der Zugang zum Park gegenüber führt direkt zu den Wildenten und Pelikanen am See und zum Restaurant **Inn the Park** (s. Restaurants, S. 134) mit einer schönen Terrasse.

Sublime Vornehmheit strahlen die cremefarbenen Reihenhäuser von Carlton House Terrace in der Prachtstraße **The Mall** ❼ aus. Eines bezog das Institute of Contemporary Arts (ICA), ein wichtiges Zentrum progressiver Kultur. Über die Marlborough Road gelangt man zum **St. James's Palace** ❽, in dem der Verwaltungsapparat von Prinz Charles sein Hauptquartier hat. Der Prince of Wales selbst wohnt mit Ehefrau Camilla seit dem Tod der Königinmutter im angrenzenden **Clarence House** ❾ (1835, Aug.–Anf. Sept.). **Lancaster House** ❿ nebenan wird für Konferenzen und Empfänge der Regierung genutzt.

The Mall

Wer sehen will, wie ein Stadtpalast zur Blütezeit der Aristokratie aussah, spaziert über St. James's Street zu St. James's Place. Dort sind die Salons von **Spencer House** ⓫, das sich im 18. Jh. Vorfahren von Prinzessin Diana erbauen ließen, zugänglich (Nr. 27, Führungen So 10.30–16.45 Uhr, außer Jan. und Aug.). In der Nachbarschaft vermitteln zauberhafte Gassen noch ein wenig vom Erscheinungsbild des alten, eleganten London. Versteckte Passagen führen zum **Green Park,** an dessen Nordecke der Spaziergang an der Ⓤ Green Park endet.

Green Park

Touren im Anschluss: 3, 12;
Jubilee Line: 2, 13;
Piccadilly Line: 4, 5, 11, 24

N
0
200 m
GREEN PARK
Curzon St.
Clarges St.
Arlington St.
St. James's St.
St. James's Square
ST. JAMES'S
Pall Mall
Waterloo Pl.
WATERLOO GARDENS
Institute of Contemp. Art
Spring Gdns.
Admiralty Arch
Whitehall Th.
Whitehall
The Mall
Old Admiralty Building
Horse Guards Parade
Park Lane
Shepherd St.
Christ Ch.
Piccadilly
Spencer House
St. James's Pl.
Queen's Walk
Bandstand
GREEN PARK
Cleveland Row
Marlborough Rd.
St. James's Palace
Chapel Royal
Closed to traffic on Sundays
Park Office
Horse Guards Road
Wellington Museum, Apsley House
Hyde Park Corner
Underpass
Wellington Mon.
HYDE PARK CORNER
Stable Yd.
Clarence House
Lancaster House
Inn the Park
ST. JAMES'S PARK
DUCK ISLAND
Foreign Office
King Charles St.
Parliament St.
Treasury
Great George St.
Cabinet War Rooms
Park Lake
St. James's
The Mall
MEMORIAL GARDENS
Constitution Hill (Closed to traffic on Sundays)
Duke of Wellington Pl.
Grosvenor Cres.
Queen Victoria Memorial
PALACE GARDENS
Buckingham Palace
The Queen's Gallery
Grosvenor Place
A302
Birdcage Walk
Guards' Chapel
Parliament Sq.
WESTMINSTER
Wellington Barracks
Buckingham Ga.
Buckingham Gate
Stafford Pl.
Belgrave Square
Chapel St.
Upper Belgrave St.
The Royal Mews
Lwr. Grosvenor Pl.
Wilfred St.
Westminster Chapel
Palmer St.
Caxton St.
ST. JAMES'S PARK
Broad Sanctuary
Westminster Abbey
St. Margaret St.
Jewel Tower
ABBEY GDN.
Eaton Pl.
Belgrave Pl.
Hobart Pl.
Grosvenor Gdns.
Buckingham Palace Rd.
Bressenden Pl.
Victoria Street
Westminster City Hall
Artillery Row
Great Smith St.
St. Matthew
Great Peter St.
St. John's
BELGRAVIA
Eaton Square
VICTORIA
Victoria Station
Greycoat Pl.
Westminster R. C. Cathedral
St. John's Concert Hall
1
2
3
4
5
6
7
8
9
10
11

mittel

Tour 2

Westminster: Korridore der Macht

Houses of Parliament → Smith Square → *Westminster Abbey → Whitehall → Trafalgar Square → The Mall → Horse Guards Parade → Cabinet War Rooms

Big Ben, die Parlamentsgebäude, Downing Street, die Regierungszentralen von Whitehall und Westminster Abbey: Das Herz von Westminster ist Symbol der Macht – seit Jahrhunderten. Und den turbulenten Debatten im Parlament zuzuhören, ist immer ein Erlebnis.

Start: Ⓤ Westminster (Jubilee/District/Circle Line)
Ziel: Ⓤ Westminster
Wann: auch bei schlechtem Wetter

Am Ausgang der Ⓤ **Westminster** zeigt London sich von seiner besten Seite. Die Themse strömt unter **Westminster Bridge** ❶ hindurch, zur Rechten entfalten **Big Ben** ❷ und die **Houses of Parliament** ❸ (beide 19. Jh.) ihre ganze Pracht. Der Komplex von Unter- und Oberhaus gleicht einem kleinen Dorf mit Straßen, Innenhöfen, Restaurants, fast 1200 Räumen und 200 Korridoren der Macht. Jedermann hat kostenlosen Zugang zu den Besuchergalerien. Getagt wird: Mo/Di ab 14.30, Mi ab 11.30, Do ab 10.30 und Fr ab 9.30 Uhr. Auch sonst bietet sich so manches Schauspiel. Am **Parliament Square** mischen sich polierte Minister-Limousinen unter den Verkehr und die Insassen tun ihr Bestes, den Mann zu ignorieren, der seit 2001 vor dem Unterhaus gegen die Kriege

Big Ben

der Welt protestiert – der Einzige, dem die Regierung erlaubt, dies hier vor ihrer Haustür zu tun.

Hinter dem Oberhaus bietet sich im Park an der Themse ein anderes Spektakel. Minister rücken hier regelmäßig ihre Krawatten zurecht und parlieren vor laufenden TV-Kameras. Viele Parlamentarier unterhalten ihre Hauptstadtbüros in den kleinen Straßen Richtung **Smith Square.** In dessen Mitte wandelte sich **St. John's** ❹ vom barocken Gotteshaus zur Konzerthalle mit populärem Restaurant im Kellergewölbe (leichte britische Küche, ❍).

Westminster Abbey

Ruhige, von Gaslampen erleuchtete und fast unverändert erhaltene Straßen des 18. Jhs., in denen politische Gegner Tür an Tür wohnen, führen weiter zu ***Westminster Abbey** ❺ (14. Jh.). Bücher, geistliche Gewänder ... die Läden am Weg sind auf den Klerus spezialisiert. Mit gotischer Ornamentik fasziniert die Krönungskirche. Im Innern sieht man die Grabstätten von Englands Monarchen und Denkmäler für Poeten und Staatsmänner (Mo–Sa ab 9.30 Uhr, Mi bis 19, Mo, Di, Do–Sa bis 16.30, Uhr, letzter Einlass eine Std. früher).

Von Parliament Square spaziert man durch die breite Parliament Street und **Whitehall** mit Ministerien und anderen Regierungsbüros. Wäre da nicht das große Eisentor, könnte man kurz nach dem Kriegerdenkmal **Cenotaph** die kleine **Downing Street** ❻ fast übersehen. Nr. 10 ist seit 1732 Wohnsitz der britischen Premierminister. **Banqueting House** ❼ (Whitehall, Ecke Horse Guards Ave.) und sein herrliches Deckengemälde von Peter

Horse Guards

Paul Rubens entgingen 1698 den zerstörerischen Flammen in der königlichen Residenz Whitehall (Mo–Sa 10–17 Uhr). Ebenso fesselnd: die stoischen Mienen der **Horse Guards** gegenüber, die den offiziellen Zugang zu St. James's Palace bewachen (Wachwechsel Mo–Sa 11, So 10 Uhr).

Nach einer Reihe von Pubs kommt **Trafalgar Square ❽** ins Blickfeld – und der Sieger von Trafalgar, Lord Nelson, in 52 m Höhe. Rundum Musiker, Jongleure, Rollerskater – seit die Nordseite des Platzes zur Fußgängerzone umgebaut wurde, tobt hier das Leben. Breite Stufen führen zur **National Gallery ❾**, eine der bedeutendsten Gemäldesammlungen der Welt (tgl. 10–18, Fr bis 21 Uhr). Daneben liegt die **National Portrait Gallery ❿** (tgl. 10–18, Do, Fr bis 21 Uhr). Die Barockkirche **St. Martin-in-the-Fields ⓫** im Nordosten des Platzes ist geschätzt für ihre kostenlosen Lunchtime-Konzerte und ihr gutes Krypta-Café (❍).

Trafalgar Square

Am **Admiralty Arch ⓬**, einem für Queen Victoria errichteten Triumphbogen, beginnt die prachtvolle Allee **The Mall,** die am St. James's Park entlang in westlicher Richtung auf Buckingham Palace zuläuft. Links führt Horse Guards Road zu den **Cabinet War Rooms ⓭** (tgl. 9.30–18, Kasse bis 17 Uhr). In dem Bunker arbeitete Churchill während des Zweiten Weltkriegs mit seinem Stab, immer einen Cognac zur Hand. Great George und Bridge Street führen über Parliament Square – vorbei am Pub **St Stephens Tavern** (10, Bridge St.) – zurück zur **Ⓤ Westminster.**

National Gallery

Touren im Anschluss: Jubilee Line: 3, 12
Circle/District Line: 1, 6, 16, 24, 25, 26;

LEICESTER SQ.
Charing Cross Rd.
St. Martin's Lane
St. Paul
Southampton St.
Bedford St.
Strand
Lancaster Pl.
Courtauld Institute & Gallery
PICCADILLY CIRCUS
Piccadilly Cir.
Leicester Square
Colisseum Th.
Adelphi Th.
Pl.
Waterloo Bridge
Regent Street
Jermyn St.
Hay-market
Orange St.
10
Nat. Portrait Gall.
St. Martin-in-the-Fields
John Adam St.
Savoy
Queen Mary
Savoy Pier
9
Nat. Gallery
11
Trafalgar Square
Strand
VICTORIA EMBKT. GDNS.
Cleopatra's Needle
Nelson's Column
8
CHARING CROSS
Festival Pier
Waterloo Pl.
Pall Mall
Cockspur Street
Spring
Whitehall Th.
Northumberland Ave.
Playhouse Th.
Embankment Pier
Admiralty Arch
12
Gdns.
EMBANKMENT
Royal Festival Hall
The Mall
Institute of Contemporary Art
Old Admiralty Building
Whitehall
Whitehall Pl.
Old War Office
VICTORIA EMBKT. GARDENS
Horse Guards Parade
Horse Guards Av.
7
The Mall
Park Office
Banqueting House
Victoria Embankment
London Eye
Bandstand
Horse Guards Road
Min. of Defence
JUBILEE GARDENS
ST. JAMES'S
10 Downing 6 St.
Waterloo Millennium Pier
Dali Universe
St. James's Park Lake
King Charles St.
Parliament St.
Westminster Pier
London Aquarium
PARK
Cabinet War Rooms
13
Treasury
St. Stephen Tavern
WESTMINSTER
County Hall
Great George St.
Guards' Chapel
Birdcage Walk
Parliament
Bridge St.
1
Westminster Bridge
Westminster Bri. Rd.
Queen Elizabeth II Conf. Cen.
Sq.
NEW PALACE YD.
2
Big Ben
Westminster Hall
Florence Nightingale Museum
WESTMINSTER
Broad Sanctuary
5
St. Margaret St.
ST. JAMES'S PARK
Westminster Abbey
3
Houses of Parliament
River Thames
Road
Victoria Street
Great Smith St.
Jewel Tower
Church Ho.
ABBEY GDN.
Great College St.
Abingdon St.
BLACK ROD GDN.
LAMBETH
St. Matthew
VICTORIA TOWER GDNS.
Lambeth Palace Road
ARCHBISHOP'S PARK
Great Peter St.
St. John's Smith Square
4
Greycoat Pl.
Horseferry Road
St. John's Concert Hall
Millbank
Lambeth Pier
Lambeth Palace
Marsham St.
Lambeth Bridge
Museum of Garden History
ST. JOHN'S GDNS.
N
0
200 m

mittel

Shopping für Gentlemen

Piccadilly → St. James's → Jermyn Street → Princes Arcade → Regent's Street → Savile Row

Dass St. James's die Topadresse für qualitätsbewusste Männer ist, hat historische Gründe. Als das Viertel im 17. Jahrhundert entstand, wurde es bevorzugte Wohngegend der Junggesellen aus den besten Kreisen. Gentlemen's Clubs etablierten sich, und ihnen folgten Tabakwarenhändler, Schuhmacher und Schneider. Bis heute regiert hier zeitlose Qualität.

Start: **Ⓤ Green Park (Jubilee/Victoria/Piccadilly Line)**
Ziel: **Ⓤ Piccadilly Circus (Piccadilly/Bakerloo Line)**
Wann: **zu jeder Jahreszeit tagsüber**

Die erste wichtige Adresse ist 150 Piccadilly: das elegante **Ritz Hotel ❶**, in dem der Mann von Welt sich gerne zu einem Cocktail verabredet. Gleich nebenan empfängt das Café-Restaurant **The Wolseley** (160 Piccadilly, s. Restaurants, S. 137) im Stil der gepflegten alten Kaffeehäuser. Südwärts führt nun **St. James's Street ❷**, eine der vornehmsten Straßen Londons. Hier zeigt sich Großbritanniens Hauptstadt wirklich von ihrer traditionsreichen Seite. Die Empfehlung für handgefertigte Schuhe ist **Lobb's** (Nr. 9), während **Lock & Co** (Nr. 6) bereits seit 1759 die gehobene Gesellschaft mit tadelloser Kopfbekleidung versorgt. Im Familienunternehmen **Berry Bros & Rudd** (Nr. 3), bekannt für ex-

Lock & Co

zellente Bordeaux- und Portweine, kann die Kundschaft ihre Weine sogar lagern lassen. Überall wird man gut beraten, auch in der wunderbar altmodischen Drogerie **D.R. Harris & Co** (Nr. 29). Hier führt man ein hauseigenes *Pick Me Up* – ein Wundermittel, das über den Kater hinweghilft.

Die Nobelstraße läuft direkt auf den eher düsteren Backsteinbau des St. James's Palace (u. a. Büros des Königshauses) zu. Biegt man vorher links ein, passiert man in King Street das weltbekannte Auktionshaus **Christie's** (Nr. 8). Von hier und dem architektonisch eleganten **St. James's Square** führen kleine Straßen zu **Jermyn Street ❸**. Sie glänzt mit edlen Läden, von denen viele den Titel eines Hoflieferanten tragen. **Turnbull & Asser** (Nr. 71–72) ist weltberühmt für klassische Hemden und Krawatten. Und niemand der Klientel würde widersprechen: Wer bei **Hilditch & Key** (Nr. 73) einen gestreiften Schlafrock kauft, macht jederzeit eine gute Figur. Unter der gleichen Adresse ist auch **Bates the Hatter** zu finden (s. Shopping, S. 138). Passende Accessoires wie Rasierpinsel und silbergefasste Bürsten findet man in den Mahagonivitrinen von **Floris** (Nr. 89, s. Shopping, S. 140). Nur wenige Schritte entfernt überwältigt bei **Paxton & Whitfield** (Nr. 93) die Auswahl unter 250 edlen Käsesorten – auch für den Versand weltweit. Wem der Mund wässrig wurde oder wer jetzt eine Pause vom Shopping braucht, findet im Restaurant **Green's** (36 Duke Street, ❍❍) ein distinguiertes Ambiente und auf der Speisekarte typisch englische Gerichte wie *fish cakes* (Fischfrikadellen) oder *bangers and mash* (Würstchen mit Kartoffelbrei).

Paxton & Whitfield

In der mit Laternen beleuchteten **Piccadilly Arcade ❹** (westl. Duke St.) fühlt man sich beim Schaufensterbummel in längst vergangene Zeiten zurückversetzt. Die Passage öffnet sich auf Piccadilly, die **Royal Academy ❺** liegt fast vis-à-vis. Jazz im

Piccadilly Arcade

Foyer, dazu ein Glas Wein – dies macht den Galeriebesuch an Freitagabenden zum besonderen Genuss (Einlass bis 21.30 Uhr).

Piccadilly ist auch die Adresse des weltbekannten Traditionskaufhauses **Fortnum & Mason** (Nr. 181; s. Shopping, S. 140). Nebenan führt die **Princes Arcade** mit ihren kleinen Spezialläden zurück zur Jermyn Street. Ihr folgt man ein Stück ostwärts.

Geht man jetzt die breite Shoppingmeile **Regent Street** über Picadilly Circus hinaus nach Norden, lohnt sich ein Abstecher in **Heddon Street ❻** mit ihren gestylten Bars und Restaurants. Das Beste am marokkanischen Restaurant **Momo** (Nr. 25, ○–○○) sind die bequemen Sofas auf der überdachten Terrasse – ideal um einen Minzetee zu trinken. Dann geht es weiter über New Burlington Street zur **Savile Row ❼** mit ihren exklusiven Maßschneidern. Da ist z. B. **Henry Poole** (Nr. 15), der 1846 die Uniformschneiderei seines Vaters übernahm und heute dezente

Piccadilly Circus

Eleganz bietet. Oder **Gieves and Hawkes** (Nr. 1), allerdings erst seit rund 90 Jahren eine Institution. Und überall in den Kellerräumen sieht man die Schneider bei der Arbeit. Von hier ist die Ⓤ **Piccadilly Circus** in wenigen Minuten zu erreichen.

Touren im Anschluss: Piccadilly Line: 4, 5, 12;
Bakerloo Line: 15

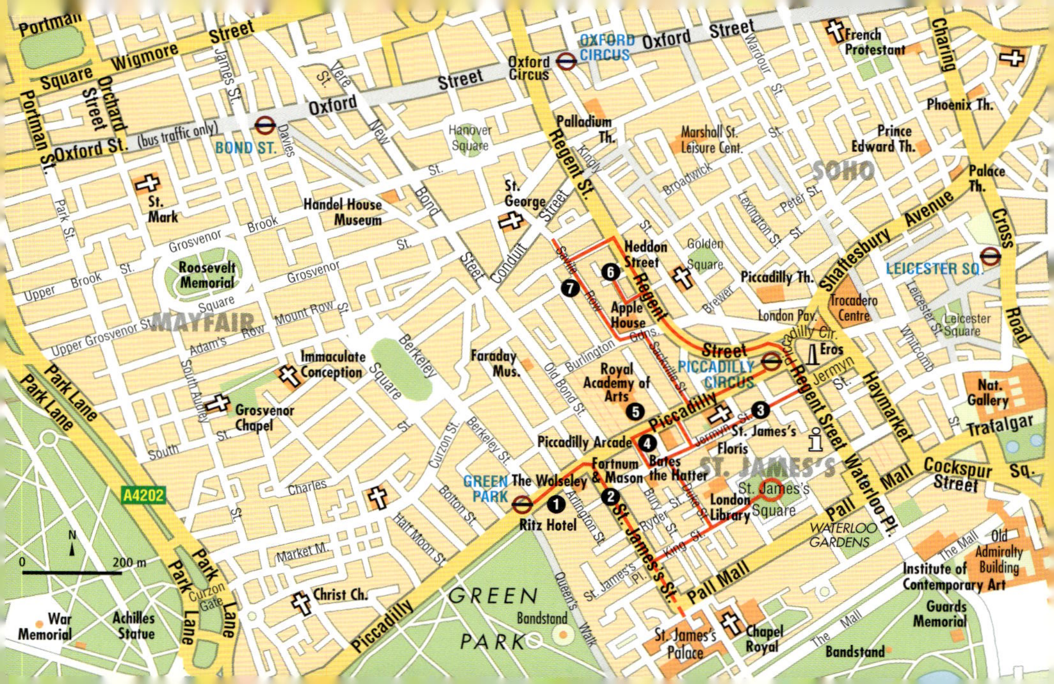

Oxford Street
Oxford Circus
OXFORD CIRCUS
BOND ST.
Oxford St. (bus traffic only)
Wigmore Street
Portman Square
Portman St.
Orchard Street
James St.
Davies
Vere St.
New Bond St.
Hanover Square
Regent St.
Palladium Th.
Marshall St. Leisure Cent.
SOHO
Prince Edward Th.
Phoenix Th.
French Protestant
Wardour St.
Charing Cross Road
Palace Th.
Shaftesbury Avenue
LEICESTER SQ.
Leicester Square
Leicester St.
Whitcomb
Trocadero Centre
London Pav.
Piccadilly Th.
Golden Square
Brewer
Lexington St.
Peter St.
Broadwick
Kingly Street
St. George
Conduit Street
Heddon Street
Savile Row
Apple House
Regent Street
PICCADILLY CIRCUS
Piccadilly Cir.
Eros
Jermyn St.
Haymarket
Nat. Gallery
Trafalgar Sq.
Cockspur Street
Pall Mall
Waterloo Pl.
WATERLOO GARDENS
Old Admiralty Building
Institute of Contemporary Art
The Mall
Guards Memorial
Bandstand
Chapel Royal
St. James's Palace
St. James's St.
St. James's Square
London Library
St. James's Pl.
King St.
Ryder St.
Bury St.
Duke St.
ST. JAMES'S
Floris
St. James's
Bates the Hatter
Fortnum & Mason
Piccadilly Arcade
Piccadilly
Royal Academy of Arts
Sackville St.
Burlington Gdns.
Old Bond St.
Faraday Mus.
Arlington St.
The Wolseley
Ritz Hotel
GREEN PARK
GREEN PARK
Queen's Walk
Berkeley St.
Berkeley Square
Curzon St.
Bolton St.
Half Moon St.
Charles St.
Market M.
Christ Ch.
Immaculate Conception
Grosvenor Chapel
South Audley St.
South St.
Mount Row
Adam's Row
Upper Grosvenor St.
MAYFAIR
Grosvenor Square
Roosevelt Memorial
Brook St.
Upper Brook St.
Handel House Museum
St. Mark
Park St.
Park Lane
A4202
Curzon Gate
Achilles Statue
War Memorial
N
0
200 m
1
2
3
4
5
6
7

mittel

Tour 4

Soho & China Town: Espresso und Peking Ente

Gerrard Street → Brewer Street → Golden Square → Carnaby Street → Soho Square → Greek Street

In Soho und China Town entpuppt sich London als die flirrende Metropole, die niemals schläft. Ein Labyrinth schmaler Gassen weckt die Lust zu sinnlichen Entdeckungen: in kleinen Läden, Kneipen, internationalen Restaurants, Tanzklubs, Sexshops und einem farbenfreudigen Obst- und Gemüsemarkt. Nirgendwo sonst in der Stadt gibt es eine derart lebendige Straßenszene.

Start: **Ⓤ Leicester Square (Northern/Piccadilly Line)**
Ziel: **Ⓤ Piccadilly Circus (Piccadilly/Bakerloo Line)**
Wann: **bei gutem Wetter, auch abends; am besten das Wochenende vermeiden**

Von der Ⓤ **Leicester Square** führt die laute Charing Cross Road links zu Newport Place, und schon taucht man ein in die elektrisierende Atmosphäre von **China Town.** Straßenschilder, Telefonzellen – alles in dem kleinen Straßendreieck leuchtet in Rot und Gold, der Farbe des Drachens. Souvenirläden quellen über mit chinesischen Malutensilien und in den Fenstern der Restaurants hängen goldbraune Enten. Zentrum des Viertels – und des chinesischen Neujahrsfestes – ist **Gerrard Street ❶**. Viele Touristen lassen sich hier gerne am Eingang der Pagode fotografieren. Wahre Magneten

Gerrard Street

sind die Restaurants mit Spezialitäten aus Kanton, Sezuan und Taipeh. Im **Harbour City** (Nr. 46, tgl.,❍) schlürfen chinesische Familien Fischsuppe mit Austernsauce, während Dim Sum, die mit Fleisch oder Gemüse gefüllten Dampfklöße, überall und den ganzen Tag serviert werden. Auch im **New Loon Supermarket** (Nr. 9) kennt das Staunen keine Grenzen, denn in jedem Regal gibt es Femdartiges zu entdecken.

Shaftesbury Avenue, die Grenze zwischen Chinatown und Soho, überquert man auf der Wardour Street. Gleich rechts liegen die stillen **St. Anne's Churchyard Gardens ❷**: ein angenehmes Fleckchen, um kurz zu entspannen – nicht selten in der Gesellschaft alteingesessener Bewohner der Gegend. Mit seinen schmalen dreistöckigen Gebäuden ist Soho nach wie vor ein beliebtes Wohnviertel. Wardour Street jedoch gilt als gesuchte Adresse von Filmgesellschaften und Künstleragenturen.

Brewer Street ❸, sie zweigt links ab, betritt man mit gemischten Gefühlen. Längst sind die Bäcker, Fleischer und Fischhändler des Viertels verdrängt worden. Nur der italienische Delikatessenladen **Lina Stores** (Nr. 18) hat überlebt. Travestierevuen wie **Madame Jo Jo's** (Nr. 8), Peepshows und Kinos mit dem Hinweis »Adult« haben die Oberhand gewonnen. Soho verkörpert eine Mischung von amüsant und abstoßend; manchmal wirkt es sogar geheimnisvoll.

Jenseits des begrünten Golden Square bildet Beak Street die Verbindung zur **Carnaby Street ❹**, einst Inbegriff der Swinging Sixties. Heute ernüchtern recht mittelmäßige Lifestyle-Boutiquen. Foubert's Place aber führt zur Marshall Street und Sohos bestem Inder: **Masala Zone** (Nr. 9, s. Res-

Carnaby Street

taurants, S. 134 f.). In **Berwick Street** ein paar Meter weiter decken sich Hausfrauen auf dem **Berwick Street Market ❺** mit appetitlich Frischem ein. Und kurz bevor abends die Müllabfuhr kommt, ergattern sie beste Schnäppchen zum halben Preis.

Eine kleine Passage führt zur **Old Compton Street ❻**, der Lebensader von Soho. Auf der Suche nach internationaler Presse ist **Compton News** (Nr. 7) der Tipp, die **Algerian Coffee Stores** (Nr. 52) hingegen begeistern mit einer riesigen Auswahl an Kaffee- und Teesorten. Ohnehin weht hier der Duft von Kaffee aus vielen Türen, in Frith Street aber liegt das berühmteste von Sohos Kaffeehäusern: die **Bar Italia** (Nr. 22). Sie besteht seit 1949 – Tag und Nacht geöffnet und immer rappelvoll. Ebenso beliebt ist der Jazzklub **Ronnie Scott's** (Nr. 47) gegenüber.

Berwick Street Market

Nun sind es nur ein paar Meter zum **Soho Square ❼** mit seinen alten Plantanen, die Schatten auf das vor allem mittags dicht bevölkerte Rasengrün werfen. In Greek Street treffen sich im **Maison Bertaux** (Nr. 28) junge Intellektuelle zum Café au Lait in leicht verstaubtem Ambiente. Im Haus Nr. 35 hat das **Yming** für seine modern-chinesische Küche beste Noten eingeheimst (s. Restaurants, S. 137). Am Ende der Greek Street biegt man rechts ab und bummelt an den Theatern der Shaftesbury Avenue vorbei zum **Piccadilly Circus Ⓤ**.

Ronnie Scott's

Touren im Anschluss: Piccadilly Line: 5, 12; Bakerloo Line: 15

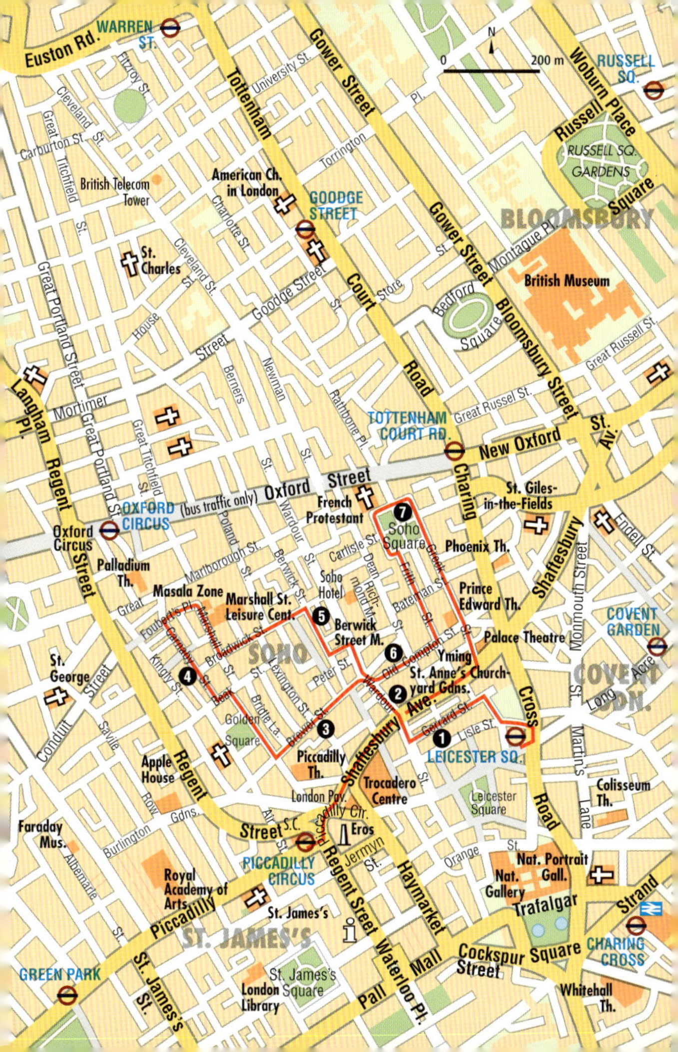

Euston Rd.
WARREN ST.
Gower Street
Woburn Place
RUSSELL SQ.
N
0
200 m
Fitzroy St.
Cleveland St.
University St.
Tottenham
Carburton St.
Great Titchfield St.
Torrington
Russell
RUSSELL SQ. GARDENS
Square
British Telecom Tower
American Ch. in London
Charlotte St.
GOODGE STREET
BLOOMSBURY
Gower Street
Montague Pl.
St. Charles
Cleveland St.
Goodge Street
Court
Store St.
Bedford Square
Bloomsbury Street
British Museum
Great Portland Street
House
Street
Berners
Newman
Road
Great Russell St.
Langham Pl.
Mortimer
Great Portland
Great Titchfield
Rathbone Pl.
TOTTENHAM COURT RD.
Great Russel St.
St.
New Oxford
St. Av.
Regent
Oxford Circus
OXFORD CIRCUS
(bus traffic only)
Oxford
Street
Wardour St.
French Protestant
Charing
St. Giles-in-the-Fields
Endell St.
Poland St.
Marlborough St.
Berwick St.
Carlisle St.
Soho Square
Phoenix Th.
Shaftesbury
Monmouth Street
Palladium Th.
Street
Soho Hotel
Dean St.
Richmond M.
Frith St.
Greek St.
Prince Edward Th.
Masala Zone
Marshall St. Leisure Cent.
Bateman St.
Great
Foubert's Pl.
Marshall St.
Berwick Street M.
Palace Theatre
COVENT GARDEN
Broadwick St.
SOHO
Old Compton St.
Yming
Kingly St.
Carnaby St.
St.
Lexington St.
Peter St.
Wardour
St. Anne's Church-yard Gdns.
COVENT GDN.
Long Acre
St. George
Street
Beak St.
Bridle La.
Ave.
Gerrard St.
Cross
Conduit
Savile
Golden Square
Brewer St.
Lisle St.
LEICESTER SQ.
Martin's Lane
Apple House
Regent
Piccadilly Th.
Shaftesbury
Trocadero Centre
St.
Colisseum Th.
Row
London Pav.
Leicester Square
Road
Faraday Mus.
Gdns.
Piccadilly Cir.
Burlington
Street
Air St.
Eros
Albemarle
PICCADILLY CIRCUS
Regent Street
Jermyn St.
Haymarket
Orange St.
Nat. Portrait Gall.
Nat. Gallery
Royal Academy of Arts
Piccadilly
St. James's
Trafalgar
Strand
ST. JAMES'S
Waterloo Pl.
Mall
Cockspur Street
Square
CHARING CROSS
GREEN PARK
St. James's St.
St. James's Square
London Library
Pall
Whitehall Th.
1
2
3
4
5
6
7

Tour 5

kurz

Covent Garden: Auf Eliza Doolittles Spuren

Long Acre → Seven Dials → Neal Street → Royal Opera House → Covent Garden Market → Transport Museum → Somerset House

In Covent Garden Market packt Eliza Doolittle Veilchen in ihren Korb, um sie an der St.-Paul's-Kirche zu verkaufen ... Als G. B. Shaw die Szene in seinem Roman »Pygmalion« (als Musical »My Fair Lady« verfilmt) beschreibt, war Covent Garden längst vom Marktviertel zum Zentrum der Theaterwelt aufgestiegen. Auch heute boomen in diesem lebensfrohen Quartier die Bühnenspektakel – und der Tourismus.

Start: Ⓤ **Leicester Square (Northern/Piccadilly Line)**
Ziel: Ⓤ **Leicester Square**
Wann: **auch bei schlechtem Wetter, zu jeder Jahreszeit**

Ein erster Stopp auf dem Weg könnte die Buchhandlung **Stanfords** (12–14 Long Acre) sein, berühmt für ihr unvergleichliches Sortiment an Karten und Reiseliteratur. **Seven Dials** ❶ – ein paar Minuten nordwestlich gelegen – heißt ein kleiner Platz am Schnittpunkt sieben mittelalterlicher Straßen. Wo sich einst ein berüchtigtes Elendsviertel erstreckte, schlendert man heute über kopfsteingepflasterte Straßen. Entdecken Sie **Neal's Yard** ❷ in Shorts Gardens, eine idyllische Enklave mit kleinen Läden, die u. a. ätherische Öle und Kräutermedizin verkaufen. **Donmar Warehouse** (41 Earl-

Covent Garden Hotel

ham St.) hat sich als progressives Theater Renommee erworben. Der Salon des **Covent Garden Hotel** ❸ (10 Monmouth St.) ist ideal für den Nachmittagstee. Tattoosalons, Buchläden, Modeboutiquen der Avantgarde – hier gibt es Kommerz, Touristisches, Alternatives ... das pralle Leben eben.

In **Neal Street** (teilweise Fußgängerzone) findet man ein ähnlich buntes Sortiment an schmucken Lädchen, dazu das italienische Restaurant **Neal Street** (Nr. 26, ❍❍). Von Long Acre führt Bow Street zum 1858 gegründeten **Royal Opera House** ❹, Heimatbühne der königlichen Oper und des königlichen Balletts. Hier trifft Eliza Doolittle in »My Fair Lady« auf Henry Higgins, als er gerade aus einer Aufführung kommt. Wer kein Vermögen für ein Ticket ausgeben will, sollte zumindest einen Kaffee auf der Dachterrasse der Oper trinken (Mo–Sa 10–15.30 Uhr). Und gelegentlich werden abends Vorstellungen mit großen Meistern mittels einer Videoleinwand auf die **Piazza** übertragen.

Covent Garden Market

Ein paar Meter weiter reiht sich in Russell Street eine Fahrradrikscha an die nächste (Kurzfahrten ab ca. £ 5). Hier beginnt nun **Covent Garden Market** ❺. Die Gebäude, in denen einst Obst und Gemüse verkauft wurden, entstanden 1828. 50 Jahre später kam eine Überdachung der Gänge aus Glas und Eisen dazu. Mittlerweile bestimmen Kunsthandwerksläden, Cafés, Musiker, Open-Air-Theater sowie der **Jubilee-Antikmarkt** (Mo Antiquitäten, Di–Fr allgem. Markt, Sa u. So Kunsthandwerk) die Szenerie. Die **St.-Paul's-Kirche** ❻ im Westen, im 17. Jh. von Inigo Jones im Palladio-Stil erbaut, wird von den Schauspielern der umliegenden Theater als »ihre«

Kirche betrachtet. In ihr fand auch Vivien Leigh, die Hauptdarstellerin in »Vom Winde verweht«, ihre letzte Ruhestätte.

Nahebei zeigt **London's Transport Museum** ❼ (39 Wellington Street, Mo, Do, Sa, So 10–18 Uhr, Fr. 11–18 Uhr, letzter Einlass jeweils 17.15 Uhr) alte Busse und Eisenbahnen.

Lyceum

Ob Drury Lane Theatre, Vaudeville, Adelphi oder Lyceum – rundum bieten die berühmten Theater mit Musicals, Dramen und Komödien eine Fülle an Unterhaltung, und das seit dem 17. Jh. Ideal für einen Drink ist die Lobbybar des modern durchgestylten Hotels **One Aldwych** (1 Aldwych).

Somerset House ❽ wurde anno 1550 als königliche Residenz erbaut. Heute vereint der Palast drei hochrangige Kunstsammlungen: das **Courtauld Institute** mit Werken bedeutender Postimpressionisten, die **Gilbert Collection** für dekorative Kunst und eine **Dependance der Eremitage.** Im Winter verwandelt sich der Vorplatz in eine Eisbahn, sommers manchmal in ein Freiluftkino. Westlich, gegenüber der Art-déco-Fassade des berühmten, 2010 wiedereröffneten Savoy Hotels, geht es durch belebte kleine Straßen zurück zur Ⓤ **Leicester Square.** »Elegante Viertel wie Chelsea sind alle gleich«, sagt ein Pubbesitzer. »Sie sind wie allzu süße Petits Fours. Covent Garden hingegen hat Biss – wie ein guter Sauerteig.« Und eine lebensfrohe Stimmung.

Somerset House

Touren im Anschluss: 4; Northern Line: 15
Piccadilly Line: 3, 11, 12, 14;

HOLBORN
Lincoln's Inn Hall
LINCOLN'S INN FIELDS
Chancery
New Oxford
St.
Shaftesbury Av.
High Holborn
Oxford
Street
TOTTENHAM COURT RD.
French Protestant
Charing
St. Giles High St.
St. Giles in-the-Fields
Sutton Row
Dean
Berwick
Wardour
Endell
Gdns.
Great Queen St.
Freemasons Hall
Wild
Serle
Carey Street
St. Dunstan-in-the-West
Fetter La.
Kingsway
Neal's Yard
Neal
Shaftesbury
Phoenix Th.
Seven Dials
Earlham
Royal Courts of Justice
Temple Ch.
Strand
Theatre Royal
Acre
Bow
COVENT GARDEN
Prince Edward Th.
SOHO
Palace Th.
Covent Garden Hotel
Monmouth
Shelton St.
Mercer St.
Langley
Royal Opera House
Aldwych
Aldwych Theatre
St. Clement Danes
Inn.
Temple Hall
Middle Temple
INNER TEMPLE GDN.
Ingestre Pl.
Wardour
Avenue
Cross
COVENT GDN.
Cov. Gdn. Market
London's Transp. Mus.
Courtauld Institute of Art
Golden Square
Gerrard St.
Lisle St.
LEICESTER SQ.
Long
Floral
Garrick St.
King St.
St. Paul's
Henrietta St.
Cranbourn St.
Piccadilly Th.
Brewer
Trocadero Centre
London Pav.
New Row
Bedford St.
Strand
Lancaster Pl.
Somerset House
King's Coll.
Temple
Victoria Embankment
TEMPLE
Regent Street
Leicester Square
Martin's Lane
Road
Colisseum Th.
Chandos Pl.
Adelphi Th.
Savoy St.
Temple Pier
Thames Police Station
River Thames
Whitcomb
Orange
Charing Cross Undergr. S.C.
Adam St.
Savoy
Queen Mary
Savoy Pier
Waterloo Bridge
PICCADILLY CIRCUS
Jermyn St.
Hay-market
Regent Street
Nat. Portrait Gall.
Nat. Gallery
Trafalgar
St. Martin-in-the-Fields
Villiers
VICTORIA EMBKT. GDNS.
Festival Pier
National Film Theatre
St. James's
ST. JAMES'S
St. James's Square
Waterloo Pl.
Mall
Pall Mall
Cockspur Street
Square
CHARING CROSS
Whitehall Th.
Northumberland Ave.
Playhouse Th.
Embankment Pier
Queen Elizabeth Hall
Royal National Theatre
Institute of Contemporary Art
Whitehall
EMBANKMENT
Royal Festival Hall
Hayward Gallery
Waterloo Rd.
Stamford
Old War Office
VICTORIA EMBKT. GARDENS
P.S. Tattershall Castle
N
0
200 m

mittel

Tour 6

Die Inns of Court: Im Namen des Gesetzes

Middle Temple → Inner Temple → Royal Courts of Justice → Silver Vaults → Lincoln's Inn Fields → Sir John Soane's Museum

Die Inns, Rechtsanwaltsschulen am Westrand der City, bestehen seit dem 14. Jahrhundert. Dass nur ihre Absolventen vor Gericht plädieren dürfen, gilt von jeher als unschätzbares Privileg. Doch in dem idyllischen Irrgarten von winkligen Gassen, Innenhöfen und Parks mit Collegeatmosphäre spürt man nichts vom Paragraphendschungel, durch den sich hier Londons Eliteanwälte kämpfen.

Start: Ⓤ Temple (District/Circle Line)
Ziel: Ⓤ Holborn (Central/Piccadilly Line)
Wann: auch bei schlechtem Wetter, zu jeder Jahreszeit

Der Spaziergang durch das kleine justizhistorische Reich zwischen Themse und The Strand bzw. Fleet Street beginnt in einem Rosengarten am Victoria Embankment. Viele Schilder mahnen zur Ruhe. Dies ist ein Ort der Stille mit einer faszinierenden Geschichte: Seit 1162 war der Bezirk Temple englischer Sitz des 1119 in Jerusalem gegründeten Kreuzfahrerordens der Tempelherren. Nach dessen Auflösung im Jahr 1312 übernahm zunächst der Johanniterorden die Anlage. Wenig später wurde sie zum Quartier für angehende Advokaten und zur bedeutenden Anwaltsschule für ganz England.

Middle Temple

Zwei der insgesamt vier **Inns of Court** gehören zum Bereich Temple, wo sie in den Gebäudeensembles **Inner Temple ❶** (gegr. 1504) und **Middle Temple ❷** (1501) untergebracht sind. Jeder Inn hat seine eigenen Wohnhäuser und Hörsäle, die sich mit Bibliothek und Kirche um mehrere Höfe *(courts)* gruppieren. Das britische Rechtswesen, so lernt man hier, unterscheidet sich sehr von dem in Deutschland: Ausbildung und Standesorganisation trennen die *barristers* streng von den *solicitors*. Letztere sind Advokaten, die Klienten beraten und Prozesse vorbereiten. Nur die *barristers* aber plädoyieren vor Gericht. Sie müssen einem der vier Inns of Court angehören und haben hier ihre Kanzleien *(chambers)*. An den Gebäuden prangen überall Tafeln mit den Namen der Anwälte, welche wochentags energischen Schritts mit Talaren und weißen Perücken zu ihren Gerichtsterminen hasten. Abends aber leuchten an den Wegen kleine Gaslampen. Dann erinnert die würdevolle Atmosphäre an die alten Colleges von Oxford und Cambridge. Wer hier eine Adresse hat, gibt sie so schnell nicht wieder auf.

Royal Courts of Justice

Vorbei an kleinen Bars und Restaurants, gelangt man zu einem Tudor-Torbogen an der Fleet Street. Auf der gegenüberliegenden Straßenseite erhebt sich der hellgraue neogotische Koloss der **Royal Courts of Justice ❸**. Dort werden seit 1879 die Zivil-, Straf- und Verwaltungsprozesse verhandelt. Sie sind öffentlich (Mo–Fr 9.30–16.30 Uhr).

Chancery Lane östlich von hier hat citytypische Herrenausstatter und Jobagenturen für Kanzleipersonal. Zu den **London**

Silver Vaults ❹ muss man in die seit 1885 bestehenden unterirdischen Tresorräume der Gebäude Nr. 53–64 hinuntersteigen. Das angeblich weltgrößte Angebot an Silberwaren, ob Schnäppchen oder edelste Kreationen, präsentieren hier an die 50 Händler (Mo–Fr 9–17.30, Sa 9–13 Uhr).

Gray's Inn ❺ etablierte sich im 16. Jh. nördlich von High Holburn. Westlich der Chancery Lane hingegen umrahmen schmucke Häuser aus dem 17./18. Jh. den **New Square** – auch er eine gesuchte Adresse der Anwaltskanzleien. Der nordwestliche Ausgang führt zum Mittelpunkt des vierten Inns: **Lincoln's Inn Fields** ❻ (1442 entstanden). Wo sich auf dem kleinen Platz heute Anwälte die Füße vertreten, fanden unter den Tudors und Stuarts öffentliche Hinrichtungen statt. Interessant ist das an der Nordseite gelegene **Sir John Soane's Museum** ❼ (Nr. 13, Di–Sa 10–17 Uhr, 1. Di im Monat auch 18–21 Uhr, Eintritt frei). Der Architekt (1753–1837), der Erbauer der Bank of England, war ein besessener Sammler. Das Haus zeigt Modelle seiner Entwürfe, Gemälde von Hogarth und Turner sowie Raritäten, die er von vielen Reisen mitbrachte.

Museum für Sir John Soane

In der Südostecke des Square führt Portsmouth Road zum **Old Curiosity Shop** (Nr. 13/14). 1567 gebaut, war er einst die Inspiration für Charles Dickens' gleichnamige Geschichte. Heute steht das windschiefe Gebäude unter Denkmalschutz. Nun zurück zu Lincoln's Inn Fields und über Gate Street in wenigen Schritten zur Ⓤ **Holborn** am lauten Kingsway.

Touren im Anschluss: 14; Piccadilly Line: 4, 5

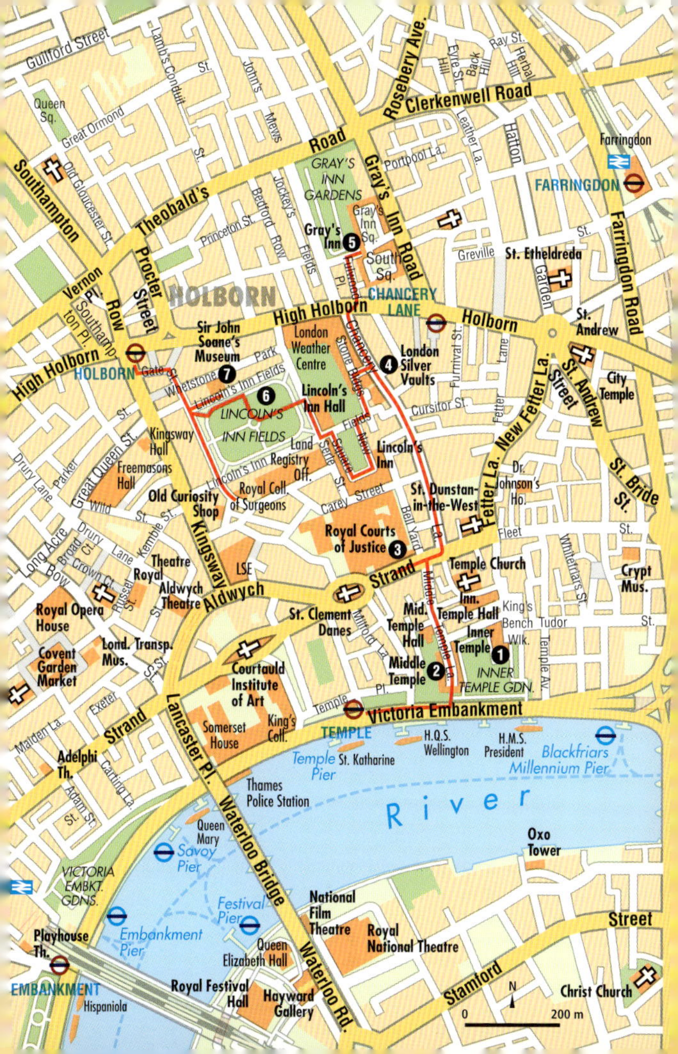

Guilford Street
Lamb's Conduit St.
Johns Mews
Queen Sq.
Great Ormond St.
Old Gloucester St.
Southampton Row
Theobald's Road
Rosebery Ave.
Clerkenwell Road
Eyre St. Hill
Back Hill
Ray St.
Herbal Hill
Leather La.
Hatton Garden
Farringdon
FARRINGDON
GRAY'S INN GARDENS
Gray's Inn Sq.
Gray's Inn
Gray's Inn Road
Portpool La.
Princeton St.
Bedford Row
Jockey's Fields
Greville St.
St. Etheldreda
South Sq.
Fulwood Pl.
CHANCERY LANE
HOLBORN
Procter Street
Vernon Pl.
Southampton Pl.
High Holborn
Holborn
St. Andrew
Farringdon Road
HOLBORN
Gate St.
Sir John Soane's Museum
Park
Whetstone
London Weather Centre
Chancery
Stone Bldgs.
London Silver Vaults
Furnival St.
Lane
City Temple
Lincoln's Inn Fields
LINCOLN'S INN FIELDS
Lincoln's Inn Hall
Cursitor St.
Fetter Lane
New Fetter La.
St. Andrew Street
Kingsway Hall
Freemasons Hall
Great Queen St.
Parker St.
Drury Lane
Land Registry Off.
Serle St.
New Square
Lincoln's Inn
Royal Coll. of Surgeons
Old Curiosity Shop
Carey Street
St. Dunstan-in-the-West
Fetter La.
Dr. Johnson's Ho.
St. Bride St.
Wild St.
Kemble St.
Kingsway
Royal Courts of Justice
Bell Yard
Fleet St.
Whitefriars St.
Crypt Mus.
Long Acre
Bow St.
Broad Ct.
Crown Ct.
Drury Lane
Russel St.
Theatre Royal
Aldwych Theatre
LSE
Aldwych
Strand
Temple Church
Inn.
Middle Temple La.
Mid. Temple Hall
King's Bench Wlk.
Tudor St.
Royal Opera House
St. Clement Danes
Milford La.
Inner Temple
Temple Av.
Covent Garden Market
Lond. Transp. Mus.
Courtauld Institute of Art
Middle Temple
INNER TEMPLE GDN.
Exeter St.
Maiden La.
Strand
Lancaster Pl.
Somerset House
King's Coll.
Temple Pl.
Victoria Embankment
TEMPLE
H.Q.S. Wellington
H.M.S. President
Blackfriars Millennium Pier
Adelphi Th.
Carting La.
Adam St.
Temple Pier
St. Katharine
Thames Police Station
River
Queen Mary
Savoy Pier
Waterloo Bridge
Oxo Tower
VICTORIA EMBKT. GDNS.
Festival Pier
National Film Theatre
Royal National Theatre
Street
Embankment Pier
Playhouse Th.
Queen Elizabeth Hall
EMBANKMENT
Hispaniola
Royal Festival Hall
Hayward Gallery
Waterloo Rd.
Stamford
Christ Church
N
0
200 m

Tour 7

lang

Pubfrühstück, Kommerz und Kirchen – die City

Smithfield Market → London Museum → Guildhall → Bank of England → Royal Exchange → Mansion House → St. Stephen Walbrook → *St. Paul's Cathedral

Wer in London von der »City« redet, meint die Quadratmeile östlich von St. Paul's Cathedral, in der das große Geld gemacht wird. Mittelalterliche Kirchen, klassizistische Prachtbauten, moderne Hightechtürme ... hier entdeckt man eine Welt voll spannender Kontraste mit ihren eigenen Gesetzen und Hierarchien – und dies in direkter Nachbarschaft zu einem bodenständigen Marktviertel.

Start:	**Ⓤ Farringdon (Circle/Hammersmith & City/ Metropolitan Line)**
Ziel:	**Ⓤ St. Paul's (Central Line)**
Wann:	**Sommer wie Winter auch bei schlechtem Wetter**

Im Mittelalter mussten die Händler ihr Schlachtvieh über die Cowcross Street (bei Ⓤ **Farringdon**) in die Stadt treiben, und zwar zum **Smithfield Central Market ❶**, in dessen großen Hallen bis heute ein Fleischgroßmarkt existiert. Nach Arbeitsende gönnen sich frühmorgens übernächtigte Muskelmänner im Pub **Fox & Anchor** (115 Charterhouse St., ab 8 Uhr) ein kräftiges Frühstück, nicht selten in Gesellschaft von Bankern auf dem Weg zur City. Abends erwachen die vielen Bars und Restaurants des Viertels zum Leben. Beste Adresse ist das Restaurant **St. John** (26 St. John Street, ❍❍). Wo früher geräuchert wurde, genießt man nun unverfälschte britische Küche.

Gleich hinter dem Pub Fox & Anchor überrascht der **Charterhouse Square ❷**, ein wenig bekanntes grünes Juwel mit schönen Häusern. Südlich des Markts entdeckt man hinter einem elisabethanischen Torhaus die Klosterkirche **St. Bartholomew-the-Great ❸** in normannischem Stil (1143). Das **Museum of London ❹** am Anfang von London Wall (tgl 10–18 Uhr, letzter Einlass 17.30 Uhr) bietet eine solide Wissensgrundlage für den London-Aufenthalt: Hier erfährt man alles über den Werdegang der Stadt von der römischen Befestigung Londinium bis zur modernen Metropole, mit einer dramatischen Rekonstruktion des Großen Feuers von 1666.

St. Bartholomew-the-Great

Nordwärts fällt der Blick auf den riesigen Kulturkomplex **Barbican ❺**: Konzerthalle, Kunsthalle und Londoner Heimatbühne der Royal Shakespeare Company. Orientiert man sich nach Süden, weckt nicht nur die **Guildhall ❻** Erinnerungen an die Blütezeit der Zünfte im 15. Jh. Sie dient seit 800 Jahren als administratives Zentrum der City. Teil des Bauensembles ist **St. Lawrence Jewry,** eine der vielen Kirchen von Christopher Wren, die dem Großen Feuer zum Opfer fielen und wieder aufgebaut wurden. Ihre Mittagskonzerte finden großen Zuspruch.

In südöstlicher Richtung kommen die klassizistischen Kolonnaden der **Bank of England ❼** in Sicht. 1694 gegründet, ist sie der Inbegriff finanzieller Macht, u. a. dokumentiert in einem Museum (Bartholomew L., Mo–Fr 10–17 Uhr). Banker verwöhnen sich im exqisiten **Le Coq d'Argent** (s. Restaurants, S. 133). Bereits 1567 hatte der **Royal Exchange ❽** in Threadneedle St. als Warenbörse für Kaufleute eröffnet. In den Hofarkaden locken nun Luxusläden und Weinbars – und *shoe shine boys* wienern die Schuhe der Banker. Londons **Stock Exchange ❾**, etwas nordöstlich davon, konkurriert im internationalen Aktienhandel mit New York und Tokyo. An Wochentagen geht es in der City zu wie in einem Taubenschlag. Jeder hastet herum. Zeit ist Geld.

Stock Exchange

Doch am Wochenende sind die mittelalterlichen Straßen, heute enge Schluchten zwischen Hochhausbauten, sehr still. Namen wie Milk und Bread Street verweisen auf den früheren Handel. In Poultry verkauften Geflügelhändler gebratene Vögel.

Das 1739 erbaute **Mansion House ❿** ist Residenz des Lord Mayor, des Oberbürgermeisters der City. Gleich um die Ecke liegt seine Hauskirche, **St. Stephen Walbrook,** die zu den schönsten von Wrens Bauten gehört (Mo–Do 10–16, Fr bis 15 Uhr, Do/Fr Mittagskonzerte).

Glocken läuten ... in der Cannon Street ist man nicht weit von ***St. Paul's Cathedral ⓫** entfernt (Mo–Sa 8.30–16 Uhr; der berühmte Chor singt So 11.30 Uhr). Sie ist das 1710 vollendete Meisterwerk von Christopher Wren und Londons Antwort auf den Petersdom. W. Churchill wurde hier begraben, Charles und Diana heirateten hier. In den Seitenschiffen befinden sich viele Ehrengrabmäler. Der Aufstieg zur Kuppel ist anstrengend, der Ausblick jedoch fantastisch. Und ein in der Whispering Gallery geflüsterter Satz ist noch auf der gegenüberliegenden Seite der Kuppelempore zu verstehen. Danach hat man sich eine Stärkung im Krypta-Café verdient (tgl., ❍).

Krypta-Café

Tour im Anschluss: Central Line: 14

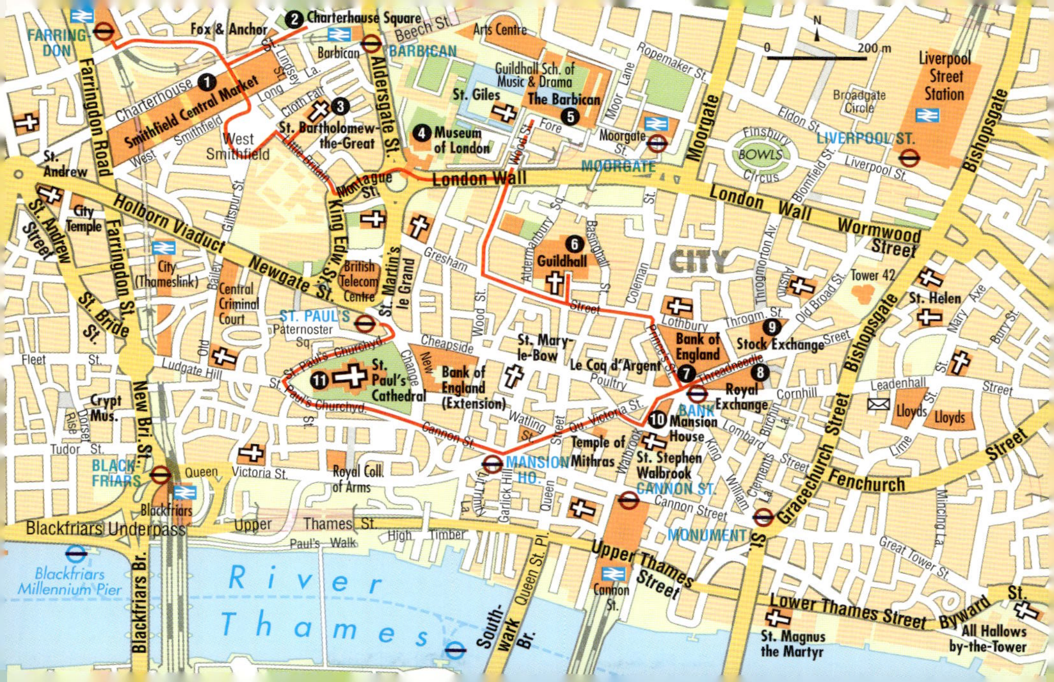

FARRING-DON
Fox & Anchor
2 Charterhouse Square
Beech St.
Arts Centre
Barbican
BARBICAN
Ropemaker St.
0
200 m
N
Liverpool Street Station
Broadgate Circle
Eldon St.
Charterhouse
1 Smithfield Central Market
Lindsey St.
Long La.
Cloth Fair
3 St. Bartholomew-the-Great
Aldersgate St.
Guildhall Sch. of Music & Drama
St. Giles
The Barbican 5
Moor Lane
Moorgate
Finsbury Circus
BOWLS
LIVERPOOL ST.
Bishopsgate
Farringdon Road
Smithfield
West Smithfield
4 Museum of London
Fore
Wood St.
Moorgate St.
Blomfield St.
Liverpool St.
St. Andrew
Little Britain
Montague St.
London Wall
MOORGATE
Holborn Viaduct
City Temple
St. Andrew Street
Farringdon St.
Giltspur St.
King Edw. St.
Wormwood Street
City (Thameslink)
Bailey
Newgate St.
British Telecom Centre
St. Martin's le Grand
Gresham
Aldermanbury Sq.
6 Guildhall
Basinghall St.
Coleman St.
CITY
Throgmorton Av.
Austin
Tower 42
St. Helen
Mary Axe
Bury St.
St. Bride St.
Central Criminal Court
ST. PAUL'S
Paternoster Sq.
Street
Lothbury
Throgm. St.
Old Broad St.
9 Stock Exchange
Street
Fleet St.
Old
Ludgate Hill
St. Paul's Churchyd.
11 St. Paul's Cathedral
Cheapside
New Change
Bank of England (Extension)
Wood St.
St. Mary-le-Bow
Le Coq d'Argent
Prince's St.
Bank of England
7
Threadneedle
8
Royal Exchange
Poultry
BANK
Cornhill
Leadenhall Street
St.
Lloyds
Lloyds
Crypt Mus.
Rise
Dorset
Tudor St.
New Bri. St.
St.
St. Paul's Churchyd.
Cannon St.
Watling St.
Street
Qu. Victoria St.
10 Mansion House
King
Lombard Street
Birchin La.
Gracechurch
Lime
Fenchurch Street
BLACK-FRIARS
Queen
Victoria St.
Royal Coll. of Arms
MANSION HO.
Lit. Trinity La.
Garlick Hill
Queen
Temple of Mithras
Walbrook
St. Stephen Walbrook
CANNON ST.
Cannon Street
William
Clements La.
Mincing La.
Blackfriars
Blackfriars Underpass
Upper Thames St.
Paul's Walk
High Timber
MONUMENT
St.
Great Tower St.
Blackfriars Millennium Pier
River Thames
Blackfriars Br.
South-wark Br.
Queen St. Pl.
Upper Thames Street
Cannon St.
Lower Thames Street
Byward St.
St. Magnus the Martyr
All Hallows by-the-Tower

Tour 8

lang

Tower-Raben, Ingenieurskunst und Moderne

***Tower of London** → ***Tower Bridge** → **Design Museum** → **Butler's Wharf** → **HMS Belfast** → **Millennium Bridge**

Wer auf dem Tower Hill steht, blickt auf die Mauern des Tower, die Zuckerbäckertürme der Tower Bridge, die Glaspaläste der City und das boomende Südufer der Themse. Nirgendwo sonst spürt man Londons lange Geschichte und dynamische Gegenwart derart intensiv.

Start: Ⓤ Tower Hill (District/Circle Line)
Ziel: Ⓤ Cannon Street (District/Circle Line)
Wann: **Besuch des Towers am besten gleich morgens, Bummel am Südufer auch abends reizvoll**

Gepflegte Grünflächen, Blumenrabatten – dass Tower Hill einst öffentliche Hinrichtungsstätte war, ist ihm heute nicht mehr anzusehen. Schaudern mag es hingegen so manchen angesichts des Besucherandrangs am ***Tower of London** ❶. Doch sobald man von den Beefeatern in ihren roten Tudor-Kostümen begrüßt

Tower of London

wird und die düsteren Gemäuer betritt, ist alles vergessen. Man wird gepackt von der würdevollen, manchmal gruseligen Atmosphäre dieser Festung, die Wilhelm der Eroberer 1077 nach der Schlacht bei Hastings errichten ließ. Im Laufe der Jahrhunderte diente der Tower als Residenz der Normannenkönige, Garnisonskaserne, Schatzkammer und Gefängnis. Die Liste der berühmten Persönlichkeiten, die hier ihr Leben lassen mussten, ist lang. Ein Beefeater mit Grabesstimme erzählt, dass der Geist von Anne Boleyn, die im Tower enthauptet wurde, immer noch umgehen soll. Im weißen Hinrichtungsgewand.

Neben den Folterkammern gehören die Kronjuwelen zu den Attraktionen. Und natürlich die sechs zahmen Raben. Der Legende nach bedeutet es das Ende der Monarchie, wenn sie die Festung verlassen. Deshalb hat man ihnen vorsichtshalber die Flügel gestutzt. (März–Okt. So, Mo 10–18, Di–Sa 9–18, Kasse jeweils bis 17 Uhr, Nov.–Febr. Kasse bis 16 Uhr, Eintritt £ 17.)

Tower Bridge

Das Themsepanorama dominiert hier ein zweites Londoner Wahrzeichen: ***Tower Bridge** ❷. 13 Jahre brauchte es, bis die 244 m lange Klappbrücke 1894 endlich fertig gestellt war. Sie ist ein Meisterstück damaliger Ingenieurskunst. Heute bietet die verglaste Aussichtspromenade einen fantastischen Blick, während im nördlichen Brückenturm eine Dokumentation durch die Geschichte führt (April–Sept. 10–18.30, Okt. bis März 9.30–18 Uhr, Einlass bis 17.30 bzw. 17 Uhr).

Am Themsesüdufer spaziert man unter der Bridge hindurch und entlang Shad Thames zu **Butler's Wharf ❸**. Zwischen auffallend schick sanierten Speicherhäusern und Restaurants sticht das weiße **Design Museum ❹** (28 Shad Thames, Kasse tgl. 10 bis 17.15 Uhr; guter Buchladen) ins Auge. Seine Ausstellungen zeigen, wie innovative Formgebung im Alltag präsent kann.

Unter den zahlreichen Restaurants hat sich auch eines der klassisch-britischen Küche verschrieben: **Butler's Wharf Chop House** (36 E Shad Thames, ❍❍), atemberaubend nahe an der Tower Bridge. Abends wird hier manchmal ein unvergessliches

Schauspiel für absolute Gänsehautstimmung geboten, wenn sich ein brillant illuminierter Luxusliner nähert, Tower Bridge sich langsam öffnet, der Ozeanriese zwischen den beiden Türmen hindurchgleitet und gleichzeitig die Hymne »Rule Britannia, Britannia rules the waves« erklingt. Einfach großartig.

Schmale Sträßchen führen zur **City Hall ❺**, dem Sitz der Stadtverwaltung. Ein angemessenes Gebäude, beteuert Architekt Lord Norman Foster, der in der Glasfassade demokratische Offenheit repräsentiert sieht. Abgesehen von der außergewöhnlichen Ästhetik wurde durch die eiförmige Gestaltung eine ungewöhnlich hohe Energieeffizienz erreicht.

City Hall

Die schöne Themsepromenade entlang spaziert man flussaufwärts zur **HMS Belfast ❻** (März–Okt. 10–18, sonst 10 bis 17 Uhr, letzter Einlass 17 bzw. 16 Uhr). Europas größtes Kriegsschiff aus dem Zweiten Weltkrieg kann von der Kommandobrücke bis zu den Maschinenräumen erkundet werden.

HMS Belfast

Während es hier nach Öl und Diesel riecht, liegt in der glasüberdachten Einkaufsarkade **Hay's Galleria ❼** der Duft von Espresso in der Luft. 15 Gehminuten weiter spannt sich die **Millennium Bridge ❽** über die Themse – von der Kunsthalle der Tate Modern zur City. Im Jahr 2000 war sie das wackelnde Fiasko des Jahres. »London swingt wieder«, meldeten die Zeitungen ironisch, als die Brücke gesperrt werden musste. Inzwischen ist sie perfekt stabilisiert und führt zügig zur **Ⓤ Cannon Street.**

Touren im Anschluss: Circle/District Line: 6, 16

St. Paul's Cathedral
St. Paul's Churchyd.
Cheapside
Bank of England (Extension)
Poultry
BANK
Bank of England
Threadneedle Street
Royal Exchange
Cornhill
Leadenhall Street
Lloyds
ALDGATE
Aldgate
Street
Mansion House
Lombard
St. Stephen
Temple of Mithras
Walbrook
MANSION HO.
CANNON ST.
Cannon St.
Royal Coll. of Arms
Garlick Hill
Queen Street
Gracechurch Street
Leadenhall Mkt.
Lime St.
Fenchurch Street
Fenchurch Station
Mark Lane
Crutched Friars
Minories
Mansell St.
TOWER GATEWAY
Tower Gateway
Upper Thames St.
Cannon Street
Bush La.
Dowgate Hill
Cousin La.
MONUMENT
Great Tower St.
Corn Exchange
Trinity House
TOWER HILL
TRINITY SQ. GDNS.
Tower Hill
Royal Mint Court
East
Paul's Walk
Themse-Promenade
River Thames
Millennium Bridge
Queen St. Pl.
Upper Thames Street
Cannon St.
The Monument
Lower Thames Street
Byward Street
All Hallows by-the-Tower
Tower Hill Pageant
The Tower of London
Tower Bridge Approach
World Trade Centre
Ivory Ho.
Bankside Pier
Southwark Bridge
Swan Lane Pier
London Bridge
St. Magnus the Martyr
Old Billingsgate Market
Custom House
Tower Millennium Pier
Traitor's Gate
Riverside Wlk.
Bankside
Shakespeare's Globe Theatre
Tate Modern
Shakespeare's Globe Mus.
Emerson St.
Park St.
Park
Clink St.
Vinopolis
Southwark Cath.
Montague Clo.
Cathedral St.
London Bridge City Pier
H.M.S. Belfast
St. Martins Wlk.
Tooley St.
Upper Pool
St. Katherine's Pier
Duke St. Hill
Hay's Galleria
Crown Court
City Hall
Greater London Authority Headquarters
Tower Bridge
London River Services
Great Guildford
Bramah Tea & Coffee Museum
LONDON BRIDGE
The London Dungeon
Joiner St.
WILLIAM CURTIS ECOLOGICAL PARK
South London Coll.
Shad Thames
Butler's Wharf
SOUTHWARK
Southwark St.
Bridge Road
Borough High St.
St. Thomas Street
Tooley Street
London Bridge
Bermondsey St.
Druid Street
Tower Bridge Rd.
Tower Bridge Exhibition
Design Museum
Union St.
Redcross Way
Southwark St.
N
0
200 m
1
2
3
4
5
6
7
8

Tour 9

kurz

Das Themsesüdufer zu Shakespeares Zeiten

The George Inn → Southwark Cathedral → Borough Market → Clink Prison Museum → Shakespeare's Globe Theater → National Theatre → The Cut

Im elisabethanischen London war Bankside am Südufer der Themse ein berüchtigtes Rotlichtviertel. Da damals die Schauspielerei als unfein galt, inszenierte William Shakespeare, der früh schon die Theaterszene dominierte, seine Stücke im Globe Theatre. Lange vernachlässigt, ist Bankside noch vor Beginn des 21. Jhs. erneut in Schwung gekommen. Es blüht geradezu. Ende gut, alles gut.

Start: Ⓤ **London Bridge (Jubilee/Northern Line)**
Ziel: Ⓤ **Southwark (Jubilee Line)**
Wann: **im Sommer zur Spielzeit des Globe Theater sowie auch abends**

Wenn die Mauern des **George Inn** ❶ (77 Borough High St.) Geschichten erzählen könnten ... Der 1677 erbaute Postkutschengasthof ist der einzige, der am südlichen Themseufer überlebt hat. Shakespeare trank hier sein Ale und schimpfte über den Lord Mayor, der die Theater aus Londons gutbürgerlichem Norden verbannt hatte. Vermutlich am 23. April 1564 geboren und in Stratford-upon-Avon aufgewachsen, kam Shakespeare um 1590 nach London und wirkte 20 Jahre als Schauspieler und Stückeschreiber. Er lebte am Nordufer der Themse, aber die meiste Zeit

The George Inn

verbrachte er am berüchtigten Südufer, damals das Vergnügungsviertel mit Bullen- und Bärenhatz, Spielhöllen und anderen Stätten des Lasters. Außerdem gab es viele Theater. Nun wird die nächsten Jahre um London Bridge Station viel gebaut.

Schon im 16. Jh. existierte der **Borough Market ❷** (s. Shopping, S. 139). Die Halle mit dem vielgelobten **Roast** (s. Restaurants, S. 136) entstand erst 1851 und ist beliebt bei Filmemachern auf der Suche nach viktorianischer Atmosphäre. Rundum wurden alte Lagerhäuser zu Luxusapartments, und wo man hinsieht, florieren Weinbars und Lokale.

Borough Market

Das ultramoderne **fish!** (Cathedral St., ❍–❍❍) ist allerdings stetes Ärgernis für die Kleriker der **Southwark Cathedral ❸**, bläst doch die Klimaanlage die fischigen Küchendünste direkt in ihre Richtung. Auf den gotischen Neubau einer 1212 abgebrannten Augustinerklosterkirche geht die Kathedrale zurück. William Shakespeare kam öfters hierher und sinnierte über sein Leben. Im südlichen Seitenschiff steht ein Monument zu seinem Gedenken, darüber illustrieren Kirchenfenster Shakespeares Dramen. Heute haben die kostenlosen Mittagskonzerte und das gemütliche Restaurant **The Refectory** (schlichte, britische Küche, ❍) viele Besucher.

Southwark Cathedral

Ein paar Meter entfernt dümpelt in dem kleinen Dock St. Mary Overie **The Golden Hinde,** eine Rekonstruktion von Sir Francis Drakes Schiff aus dem 16. Jh. (tgl., wechselnde Zeiten). Gleich um die Ecke führt das Kopfsteinpflaster der düsteren **Clink Street ❹** an den Überresten des

Winchester-Bischofspalastes vorbei. Die Kirchenfürsten, die hier 1109–1642 residierten, finanzierten ihren aufwendigen Lebensstil durch Bordelle. Aber wehe, die Prostituierten (Winchester-Gänse genannt) verstießen gegen die Regeln ihres Managements. Dann drohten ihnen hohe Strafen oder das Clink-Gefängnis (Nr. 1, tgl. 10–19, Sa, So bis 21 Uhr).

The Golden Hinde

Vorbei am **Vinopolis** (1 Bank End, nur im Voraus gebuchte Touren, www.vinopolis.co.uk) und dem alten Themsepub **The Anchor** (34 Park Street) führt der Themsepfad zum **Globe Theatre ❺**. Im ursprünglichen runden Holzbau inszenierte Shakespeare viele seiner Klassiker. Das Haus brannte ab, wurde wieder aufgebaut, abgerissen und schließlich 1997, fast am Ursprungsort, nachgebaut. Hier wird Shakespeare dargeboten wie vor 400 Jahren: ohne Kulissenwechsel, ohne Scheinwerfer, ohne Dach. Ein Sitzkissen mieten, bei »Romeo und Julia« die Schauspieler anfeuern, Glühwein trinken – es ist ein besonderes Erlebnis.

Globe Theatre

Auch im **Royal National Theatre ❻** weiter westlich wird oft Shakespeare gespielt, ebenso in den zwei Theatern der kleinen Straße **The Cut** zehn Minuten Fußweg vom Fluss entfernt: in **The Old Vic ❼**, Ecke Waterloo Road, und **The Young Vic ❽** (66 The Cut). Jetzt eine Pause? Das Restaurant **EV ❾** (97–99 Isabella Walk, ○–○○) im Gewölbe unter einer Eisenbahnbrücke bietet exzellente türkische Küche und liegt nicht weit von der Ⓤ **Southwark** entfernt.

Touren im Anschluss: Jubilee Line: 2, 3, 12

BLACKFRIARS
Blackfriars
MANSION HO.
CANNON ST.
MONUMENT
Middle Temple
INNER TEMPLE GDN.
Victoria Embankment
Blackfriars Underpass
Upper Thames St.
Upper Thames Street
Cannon St.
TEMPLE
H.Q.S. Wellington
H.M.S. President
Blackfriars Millennium Pier
St. Katharine
Temple Pier
River Thames
Millennium Bridge
Bankside Pier
Southwark Bridge
Queen St. Pl.
Swan Lane Pier
London Bridge
Blackfriars Bridge
Riverside Wlk.
Bankside
The Queen's Walk
Oxo Tower
Ground
Bankside Art Gallery
Shakespeare's Globe Theatre
Tate Modern
Holland St.
The London Television Centre
Upper
Hatfields
Street
Road
Shakespeare's Globe Mus.
Bank End
Clink St.
Southwark Cath.
Montague Clo.
Vinopolis
Winchester Wlk.
Cathedral St.
Duke St. Hill
Royal National Theatre
Cornwall
Stamford
Christ Church
Blackfriars
Southwark Street
Great Guildford
Bramah Tea & Coffee Museum
Roast
Stoney St.
fish!
Bedale St.
LONDON BRIDGE
Borough Market
High St.
St. Thomas St.
Waterloo Rd.
Bridge
Southwark St.
SOUTHWARK
St. John's Ch.
Waterloo East
EV
George Inn
Borough
bfi London IMAX
Windmill
The Young Vic
Hatfields
Union St.
SOUTHWARK
Great Suffolk St.
St.
Union St.
Newcomen
WATERLOO
Walk
The Cut
A201
Southwark
St.
Kipling
Waterloo International
Surrey Row
Marshalsea Road
High Street
St. George's R.C. Cathedral
The Old Vic
Rd.
Rushworth St.
Webber St.
BOROUGH
Long Lane
N
Road
Baylis
Waterloo Road
Blackfriars Road
Borough
Great Dover Street
0
200 m

Tour 10

kurz

Hyde Park – Kensington Gardens

Italian Gardens → Long Water → Peter-Pan-Statue → Serpentine Gallery

Ursprünglich ein Teil des Jagdgebiets von Heinrich VIII., ist der Hyde Park zusammen mit den Kensington Gardens der größte der königlichen Parks. Londons grüne Lunge begeistert durch ihre weiten Flächen, die im Frühling mit Narzissen übersät sind. Westlich der Serpentine aber wirkt sie intimer. Hier erfand der Autor J. M. Barrie beim Spaziergang seine Fabel von Peter Pan und dem Traum der ewigen Kindheit.

Start: Ⓤ Marble Arch (Central Line)
Ziel: Ⓤ Knightsbridge (Piccadilly Line)
Wann: das ganze Jahr hindurch bei schönem Wetter

Eine 310 ha große Grünfläche mitten im Zentrum – dies wissen die Londoner zu schätzen. Sie bringen ihr Picknick in den Park, treiben Sport oder kommen einfach, um in bunten Liegestühlen oder auf dem Rasen zu faulenzen. Doch **Speaker's Corner ❶**, unweit der Ⓤ Marble Arch, überlassen sie lieber den Touristen. Seit 1872 ein Versammlungsrecht verabschiedet wurde, philosophieren hier Exzentriker und religiöse Fanatiker über die Verbesserung der Welt. Solange sie keine rassistischen oder terroristischen Inhalte verbreiten und die königliche Familie nicht zum Thema wird, hält die Polizei sich diskret im Hintergrund.

Speaker's Corner

Auf einem Spaziergang nach Westen kommt man unwillkürlich zu den Wasserspielen der 1862 angelegten **Italian Gardens ❷**. Bei den romantischen Becken beginnt ein lang gestreckter See, der an dieser Stelle **Long Water** heißt und jenseits der Brücke zur **Serpentine** wird. Wasservögel tummeln sich am Ufer und auf dem See, Vögel zwitschern in den Brombeerbüschen und den Kronen alter Bäume, während man am Wasser entlang bis zur Brücke schlendert.

Hyde-Park-Idylle

Von ihrem Südende zieht sich rechter Hand ein Uferweg durch **Kensington Gardens** – der See bildet die Grenze zwischen den Parks – zur berühmten **Peter-Pan-Statue ❸**. Eigentlich verbindet sich mit ihr eine traurige Geschichte. Ungeliebt von seiner Mutter, verbrachte James Matthew Barrie (1860–1937) eine zutiefst einsame Kindheit. Auch als Erwachsener flüchtete er sich mit seinen Geschichten in eine heile Fantasiewelt, um den Problemen der Welt zu entfliehen. Er ging oft mit seinem Bernhardiner in Kensington Gardens spazieren und lernte dort 1897 die Familie Llewellyn-Davies kennen. Dank seiner unerschöpflichen Fabulierlust wurde er zum Freund ihrer fünf Söhne. Für die Kinder schrieb er seine Geschichte »The Little White Bird«, die in Kensington Gardens spielt und von Peter Pan handelt, dem Jungen, der fliegen konnte und nicht erwachsen werden wollte. Im Dezember 1904 wurde das Märchen als Theaterstück uraufgeführt und ist seitdem unvergessen.

Frühling im Hyde Park

J. M. Barrie hasste die Peter-Pan-Statue, die 1912 im Park aufgestellt wurde – genau an der Stelle, an der Peter einst landete. Er fand sie kitschig. Aber bis heute betrachten Kinder fasziniert die Kaninchen, Eichhörnchen und Mäuse zu Füßen von Peter Pan und hoffen, die Elfen im Gras wispern zu hören.

Der Duft von Wildblumenwiesen begleitet einen durch den Park – man könnte u. a. einen Abstecher nach Westen zum **Round Pond** mit seinen Schwänen und den weiß-grün gestreiften Liegestühlen rundum machen. Den kulturellen Akzent im Süden setzt die **Serpentine Gallery ❹**. Einst ein Teepavillon, erlangte sie als Forum moderner Kunst (tgl. 10–18 Uhr) neue Bedeutung. Zwischen Serpentine und Kensington Road erstrecken sich vielfältige Sportfelder. Reiter paradieren auf The Rotten Row und direkt am See bietet sich am **Lido ❺** sogar die Gelegenheit, in einem Strandbad zu schwimmen (auch Restaurant). Ruderboote werden ein Stück weiter vermietet. Im Juli 2006 lief ein mit Solarenergie betriebenes Shuttleboot auf der Serpentine »vom Stapel«. Leise und vor allem umweltfreundlich transportiert es selbst an trüben Tagen bis zu 42 Personen im 30-Minuten-Takt zwischen der Anlegestelle westlich des Lido und dem Boat House am Nordufer – und verkürzt Weg, falls man sich nochmals nach den weiten Hyde-Park-Wiesen sehnt.

Round Pond

Lunch break im Grünen

Nach Stunden im Grünen ist Knightsbridge (Ⓤ) idealer Anknüpfungspunkt für eine Shopping- oder Pub-Tour.

Touren im Anschluss: 11; Piccadilly Line: 24

Paddington Station
Praed St.
Sussex Gardens
Norfolk Square
PADDINGTON
A4209
Cambridge Sq.
St. John
Porchester Pl.
A5
Edgware Road
Seymour Place
Montagu St.
Marble Arch Syn.
Seymour Street
MARBLE ARCH
Bryanston St.
Connaught Square
Connaught
Kendal St.
Gloucester Square
Hyde Park Square
Hyde Park St.
Albion St.
Sussex Pl.
Sussex Sq.
Hyde Pk. Gdns. M.
Clarendon Pl.
Lancaster Terrace
LANCASTER GATE
Bayswater Road
Marble Arch
Cumberland Gate
(North Carriage Dri.)
Speaker's Corner
Park Lane
The Ring
Italian Gardens
The Fountains
(West Carriage Dri.)
Buck Hill Wlk.
The Ring
North Ride
Nursery
New Lodge
Underground Car Park
Reformer's Tree
HYDE PARK
The old Police House
Ranger Lodge
Reservoir
Peter Pan Statue
The Long Water
Rima Statue
Magazine
Round Pond
Serpentine Road
Norwegian/British Monument
Serpentine Bridge
Boat Houses
The Serpentine
Boating Lake
The Lido
Serpentine Gallery
Rotten Row
FOOTBALL PITCHES
New Ride
Albert Gate
Prince of Wales Gate
Hyde Park Barracks
KNIGHTSBRIDGE
Kensington Road
Knightsbridge
Ennismore Gdns.
KNIGHTS-BRIDGE
Russian Orthodox Cath.
Trevor Pl.
Raphael St.
Brompton Road
Sloane Street
Lowndes Square
Exhibition Road
Montpelier Sq.
Montpelier St.
Ennismore M.
Prince's Gardens
Basil St.
Hans Cres.
Pavilion Rd.
Harrods
N
0
200 m

mittel

Tour 11

Pub Crawl: bestes Bier in Belgravia

Wilton Row → Kinnerton Road → Belgrave Mews → Elizabeth Street → Eaton Terrace

Hier ein Bier und dort ein Bier. Überall mal reinschauen und die Stimmung testen: Das nennt man in Großbritannien »Pub-Crawling«. Über 4500 Pubs gibt es in London. Die meisten haben eine lange Geschichte und viel Atmosphäre. Gemeinsam ist ihnen allen eines: Jeder geht hin, ob Straßenkehrer, Botschafter oder Banker. Auch im feinen Belgravia, dessen Public Houses (meist 11–23 Uhr) besonders charmant und dabei authentisch sind.

Start: Ⓤ Knightsbridge (Picadilly Line)
Ziel: Ⓤ Sloane Square (Circle/District Line)
Wann: das ganze Jahr über, auch bei Regen

Von der Ⓤ **Knightsbridge** geht es zunächst in östlicher Richtung, vorbei am Kaufhaus **Harvey Nichols** (gute Parfümerie), bis zum luxuriösen **Berkeley Hotel** ❶ (s. Hotels, S. 128 f.) mit populärer Bar und zwei hervorragenden Restaurants. Ein paar Schritte rechts in den Wilton Place und man steht mitten im noblen Wohn- und Diplomatenviertel **Belgravia.** Links in den Wilton Crescent, dann in die Gasse Wilton Row. Am Ende dieser malerischen, sündhaft teuren Wohnoase liegt **The Grenadier** ❷ (Nr. 18), einst Stammlokal des Herzogs von Wellington. Bevor sie gegen Napoleon bei Waterloo zogen, stärkten

Blue Bar im Berkeley

sich auch seine Offiziere in diesen engen Räumen – und angeblich geht der Geist eines von ihnen noch um. Wo Real Ale und Bloody Marys Laune machen, gehören knarrende Holzdielen zum Flair. Im kleinen Restaurant steht natürlich »Beef Wellington« auf der Karte.

Zurück zu Wilton Crescent und weiter zur Kinnerton Street – eine Dorfidylle mitten in der Stadt. Mit zwei Pubs! Das winzige **Wilton Arms ❸** (Nr. 71, tgl.) ist seit 1826 eine feste Adresse betuchter Einheimischer aus dem Viertel, denen so traditionelle Gerichte wie *shepherd's pie* schmecken und die im Winter ihr *pint* oder *half pint* vor dem Kamin trinken. Im Sommer stellt man sich gerne vor die blumenumrankte Tür. Beim Bier gilt: je heller, desto bitterer; je dunkler, umso milder und süßer. Vorsicht: Ein Guinness oder Stout geht schneller in die Beine, als man denkt.

Ebenso geborgen fühlt man sich ein paar Schritte weiter im **Nag's Head ❹** (Nr. 53, tgl.). Wo einst Edward VII mit seiner bürgerlichen Freundin Wallis Simpson turtelte, werden unter niedrigen Holzdecken die in London gebrauten »Young's«-Biere gezapft. Das Beste von allem: Mobiltelefone sind tabu.

Der Pub Nag's Head

Schräg gegegenüber liegt der exquisite kleine Modeladen **Egg** (Nr. 36). Nun eine Schlängeltour: durch Motcomb Street, vorbei am edlen Supermarkt Waitrose, links in Lowndes Street einbiegen, nochmals links in West Halkin Street, dann rechts zu Belgrave Mews West. Im Pub **Star Tavern ❺** (Nr. 6, tgl.) soll *The Great Train Robbery* von 1963, der größte Eisenbahnüberfall der britischen Geschichte, geplant worden sein. Heute genehmigt sich

Zapfhähne

hier der deutsche Botschafter gerne mal ein gepflegtes Bier (die Embassy liegt nur ein paar Meter entfernt) und diskutiert dabei über Sport und Politik. Es stimmt schon: Pubs kennen keine Klassen.

Die Belgrave Mews enden am Chesham Place; dort rechts und dann links in die Lyall Street. Jenseits des Eaton Square wird sie als **Elizabeth Street ❻** Adresse fabelhafter Läden wie des cool gestylten Zigarrenladens **Tomtom** (Nr. 63, s. Shopping, S. 143). In Nr. 69 residiert **Philip Treacy,** der Star der Hutmacher. Gutes Beispiel für ein Gastro-Pub ist **Thomas Cubitt** (Nr. 44, tgl., ❍–❍❍): zu ebener Erde Bierausschank und traditionelle Pubsnacks, im Obergeschoss eine hoch gepriesene, leichte britische Küche. Dieser Mix gewann dem Cubitt seine Popularität bei viel jungem Publikum.

Tomtom Zigarrenladen

Am Weg zurück zum Eaton Square lohnt ein Seitenblick rechts auf **Chester Square ❼**, wo in Nr. 73 Ex-Premierministerin Margaret Thatcher in einem der eleganten Wohnhäuser aus dem 19. Jh. residiert. Die Bediensteten aus den hochherrschaftlichen Häusern rund um Eaton Square trafen sich einst zu Klatsch und Tratsch im Pub **The Antelope ❽** in Eaton Terrace (Nr. 22, Mo bis Sa), die Eaton Gate kreuzt. Behagliche Nischen und ein charmantes Ambiente garantieren einen entspannten Drink. Von Eaton Gate liegt die Ⓤ **Sloane Square** nur 300 m entfernt.

Touren im Anschluss (wenn man tagsüber unterwegs ist): 25, 26; Circle/District Line: 1, 2, 24

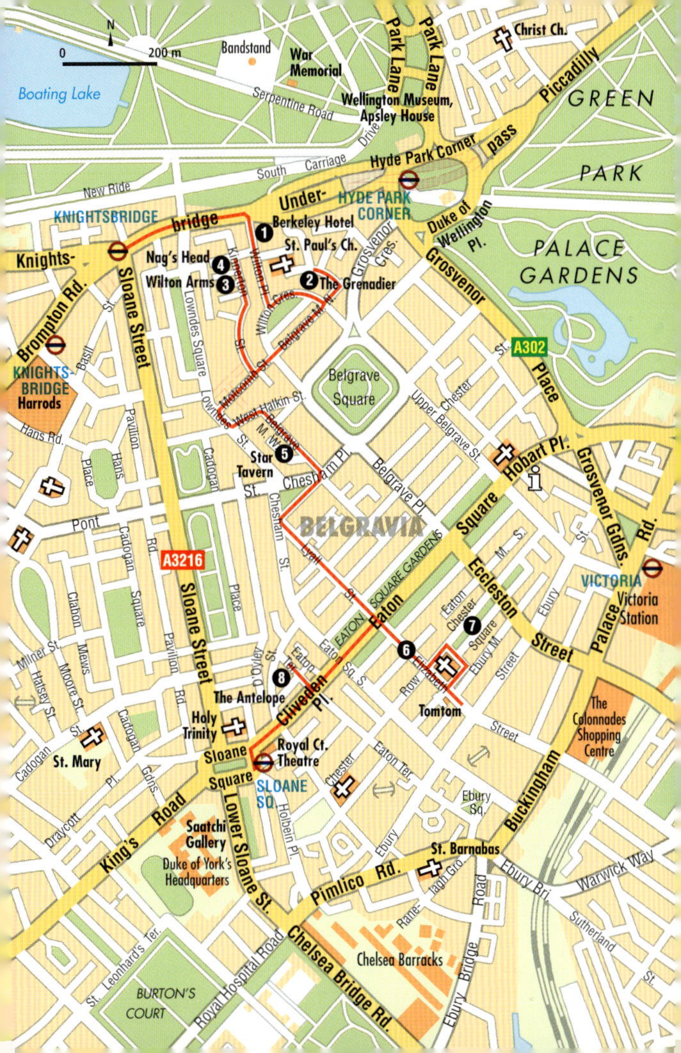
N
0
200 m
Boating Lake
Bandstand
War Memorial
Serpentine Road
Park Lane
Park Lane
Christ Ch.
Piccadilly
GREEN
PARK
Wellington Museum, Apsley House
South Carriage Drive
Hyde Park Corner
Under-pass
HYDE PARK CORNER
New Ride
KNIGHTSBRIDGE
Knights-bridge
1 Berkeley Hotel
St. Paul's Ch.
Duke of Wellington Pl.
PALACE GARDENS
Grosvenor Cres.
Grosvenor Place
4 Nag's Head
3 Wilton Arms
2 The Grenadier
Kinnerton St.
Wilton Pl.
Wilton Cres.
Belgrave M. N.
Brompton Rd.
Sloane Street
Basil St.
KNIGHTS-BRIDGE
Harrods
Lowndes Square
Motcomb St.
Belgrave Square
A302
Upper Belgrave St.
Chester St.
West Halkin St.
Lowndes St.
Belgrave M. W.
Hans Rd.
Pavilion Rd.
Hans Place
Cadogan Place
5 Star Tavern
Chesham Pl.
Chesham St.
Belgrave Pl.
Hobart Pl.
Grosvenor Gdns.
Pont St.
BELGRAVIA
Lyall St.
EATON SQUARE GARDENS
Eaton Square
Eccleston Street
Eccleston M.
Eaton Chester Square
7
A3216
Cadogan Square
Clabon Mews
Milner St.
Moore St.
Halsey St.
Pavilion Rd.
D'Oyley St.
Eaton Ter.
Eaton Sq. S.
6
Elizabeth St.
Eaton Row
Ebury M.
Ebury Street
VICTORIA
Victoria Station
Palace St.
8 The Antelope
Cliveden Pl.
Tomtom
Holy Trinity
St. Mary
Cadogan Gdns.
Sloane Square
Royal Ct. Theatre
SLOANE SQ.
Holbein Pl.
Chester Row
Eaton Ter.
Street
The Colonnades Shopping Centre
Buckingham Palace Rd.
Ebury Sq.
King's Road
Draycott Pl.
Cadogan
Saatchi Gallery
Duke of York's Headquarters
Lower Sloane St.
Pimlico Rd.
St. Barnabas
Ebury Bri.
Warwick Way
Sutherland St.
Ranelagh Gro.
Ebury Bridge Road
Chelsea Barracks
Chelsea Bridge Rd.
Royal Hospital Road
St. Leonard's Ter.
BURTON'S COURT

Tour 12

kurz

Mayfair: Tradition und modernes Leben

Shepherd Market → Berkeley Square → Mount Street Garden → Bond Street → Burlington Arcade → Piccadilly

Der Name Mayfair geht zurück auf die Vieh- und Getreidemärkte, die hier im 17. Jahrhundert alljährlich in der ersten Maiwoche stattfanden. Heute verbindet man mit Mayfair das Beste und Exklusivste: feudalste Hotels und nobles Wohnen, die besten Kunst- und Antiquitätenläden, Couture und neuerdings die Avantgarde der Mode.

Start: Ⓤ Green Park (Piccadilly/Victoria/Jubilee Line)
Ziel: Ⓤ Green Park
Wann: zu jeder Jahreszeit, auch bei schlechtem Wetter

Von der Ⓤ **Green Park** führt Half Moon Street zur Curzon Street und zum **Shepherd Market** ❶, dem alten Zentrum im einstmals ländlichen Mayfair. Kopfsteinpflaster, Straßencafés, Restaurants – das Labyrinth der Gassen hat viel Charme und ist beliebt als Kulisse für Popvideos. Nach Büroschluss füllen sich die zahlreichen Pubs. Auch das libanesische Lokal **Al Hamra** (Nr. 31–33, s. Restaurants, S. 132) ist da keine Ausnahme.

Vor Crewe House

Zurück in der Curzon Street, fällt einem das elegante, weiße **Crewe House** auf, dort arbeitet heute die Botschaft von Saudi-Arabien (Nr. 17). Weitere Wohnhäuser aus dem 18. Jh. entdeckt man auch in der Queen und der Charles Street. Ihre Bewohner, darunter texanische Ölmagnaten und griechische

Reeder, trinken gerne ihr Bier im gemütlichen Pub **The Running Footman** (Nr. 41).

Mächtige Plantanen spenden am **Berkeley Square ❷** Schatten. London hat wirklich erstaunlich viel Grün, auch im Herzen von Mayfair. Einst ein bevorzugtes Wohnviertel der Aristokratie, gewann es neue Popularität durch die vielen Finanzgesellschaften, die der City den Rücken gekehrt haben und in den noblen Häusern horrende Mieten bezahlen. Für die Mittagspause der Angestellten scheint der Park geradezu ideal.

Ältere Damen führen ihren Hund spazieren. Dogwalker haben gleich fünf Vierbeiner an der Leine, für zehn Pfund die Stunde. Pro Hund! Abends stehen livrierte Portiers vor der Kellertreppe von Nr. 44 und begrüßen die Mitglieder von Londons exklusivem Nachtklub **Annabel's** wie alte Freunde. Von Hill Street aus erreicht man Farm Street und den pittoresken Pub **The Punch Bowl** (Nr. 5). Ein paar Meter weiter führt eine Gasse zum **Mount Street Garden,** eine stille Oase mit japanischen Bäumen und vielen Vögeln. Verlässt man den Park in Mount Street, stellt sich angesichts der erlesenen Antikläden rundum die Frage: wirklich nur »window-shopping«?

Einladung ins Claridge's

Ungefährlicher für das Bankkonto ist ein Mittagskonzert in der **Grosvenor Chapel ❸** in South Audley Street. Am nahen **Grosvenor Square** ist das Areal um die US-Botschaft so von Betonblöcken verunstaltet, dass man zügig zur Brook Street weitergehen kann. Fahnen wehen über dem Portal des Luxushotels **Claridge's ❹** – seit 1812 ist es das erste Haus am Platz und ein beliebter Treff zum eleganten Nachmittagstee. In

Nr. 25 Brook Street, nun das **Handel House Museum ❺**, lebte der Komponist Georg Friedrich Händel im 18. Jh. (Di, Mi, Fr, Sa 10–18, Do bis 20, So 12–18 Uhr, Kasse bis 30 Min. vorher).

Nach Süden führt **New Bond Street** bis zur **Bruton Street ❻**. Dort wird deutlich, wie sehr Tradition zum Kult geworden ist. Statt in Notting Hill hat Modedesignerin **Stella McCartney** (Nr. 30) ihren Laden in der Nachbarschaft des alteingesessenen Büchsenmachers **Holland & Holland** (Nr. 31) eröffnet. In der Galerie **Scream** (Nr. 34) stellen malende Popstars wie Rolling Stone Ronnie Wood ihre Kunstwerke aus. Im verschwiegenen **Bruton Place** gibt es überraschend viele Restaurants. Selbst die Queen war ein zufriedener Gast der französischen Brasserie **Bellamy's** (Nr. 18, s. Restaurants, S. 132 f.).

Händel House Museum

Was aber wäre Mayfair ohne **Old Bond Street ❼**, sozusagen seine Hauptstraße. Cartier, Chanel ... alle wichtigen Juweliere und Modehäuser findet man hier. Parallel dazu verläuft die **Burlington Arcade ❽**, eine 1819 eröffnete Ladenpassage, die immer noch von formell gekleideten *Beadles* bewacht wird. Der Haupteingang liegt in Piccadilly. Nebenan ziehen die internationalen Kunstausstellungen in der **Royal Academy of Arts ❾** alljährlich Zigtausende Besucher an (Sa–Do 10–18, Fr bis 22 Uhr, Kasse bis 30 Min. vorher). Nur ein paar Gehminuten sind es bis zur Ⓤ **Green Park.**

Burlington Arcade

Touren im Anschluss: 3; Jubilee Line: 2, 13; Piccadilly Line: 4, 5, 11, 24

St. Paul
Baker Street
Manchester Square
Fitzhardinge St.
Seymour M.
Duke St.
Mandeville Pl.
Marylebone Lane
Easley's M.
Wigmore Hall
Wigmore Street
Harley St.
Cavendish Place
Cavendish Sq.
Regent Street
Great Portland St.
OXFORD CIRCUS
Oxford Circus
Portman Square
Portman Street
Orchard Street
Edwards Mews
Picton Pl.
Barrett St.
James St.
St. Christopher's Pl.
Stratford Pl.
Lane
Vere St.
Selfridges
(bus traffic only)
Oxford Street
BOND ST.
Davies St.
West One S.C.
New Bond
Hanover Square
Palladium Th.
Oxford Street
MARBLE ARCH
Park St.
St. Mark
Green St.
Handel House Museum
St. George
St. George Street
Maddox St.
Avery Row
Brook St.
Claridge's
Grosvenor St.
Grosvenor Hill
Conduit St.
Bond Street
Regent St.
Park Lane
Upper Brook St.
Roosevelt Memorial
Grosvenor Square
Carlos Pl.
Bellamy's
Bruton Pl.
Bruton St.
New Bond St.
Apple House
MAYFAIR
Adam's Row
Mount St.
Upper Grosvenor St.
Reeves M.
Mount St.
Immaculate Conception
Farm St.
Berkeley Square
Faraday Mus.
Dover St.
Albemarle St.
Burlington Gdns.
Royal Academy of Arts
Burlington Arc.
Old Bond St.
MOUNT ST. GARDEN
Grosvenor Chapel
South St.
South Audley St.
Hill St.
Hay's M.
Chesterfield Hill
Curzon St.
Berkeley St.
Bolton St.
Stafford St.
St. James's St.
GREEN PARK
HYDE PARK
A4202
Charles St.
Shepherd Market
Curzon St.
Al Hamra
Half Moon St.
Hertford St.
Christ Ch.
Park Lane
Piccadilly
Queen's Walk
Bandstand
War Memorial
Achilles Statue
Bandstand
GREEN PARK
Wellington Museum, Apsley House
Hyde Park Corner
Wellington Mon.
South Carriage Drive
Underpass
HYDE PARK CORNER
St. Paul's Ch.
Duke of Wellington Pl.
Grosvenor Cres.
Grosvenor Place
PALACE GARDENS
MEMORIAL GARDENS
Queen Victoria Memorial
Buckingham Palace
The Queen's Gallery
N
0
200 m
1
2
3
4
5
6
7
8
9

Tour 13

mittel

Marylebone: dörflich im urbanen Zentrum

Madame Tussauds → Marylebone High Street → Wallace Collection → Marylebone Lane → St. Christopher's Place

Marylebone, am Südrand von Regent's Park und dabei zentral gelegen, ist eine begehrte Wohngegend mit überraschend guten Einkaufsstraßen zwischen Madame Tussauds Wachsfigurenkabinett und der Kunstgalerie Wallace Collection. Mit seinen kleinen Läden und Cafés hat sich das Viertel ein geradezu dörfliches Flair bewahrt.

Start: Ⓤ **Baker Street (Metropolitan/Hammersmith & City/Circle/Bakerloo/Jubilee Line)**
Ziel: Ⓤ **Bond Street (Central/Jubilee Line)**
Wann: **natürlich auch bei gutem Wetter; sonntagmorgens zum Wochenmarkt**

An der Ⓤ **Baker Street** ein erster Schock: der Verkehrslärm der Marylebone Road. Minuten später der zweite: die lange Warteschlange vor **Madame Tussauds ❶**. Die berühmten Wachsfiguren hautnah zu betrachten scheint auch nach Jahrzehnten faszinierend zu sein (Ticketbuchung im Voraus: www.madametussauds.com/london). Nebenan zeigt der **Stardome** die Show »Marvel Super Heroes unique 4D experience« mit Comicstars wie Spider-Man.

Madame Tussauds

Wem nicht der Sinn nach Wachsfiguren steht, überquert die Straße, geht an der Universität von Westminster vorbei und betritt rechts neben **St. Marylebone Parish**

Church ❷ einen kleinen **Park.** Endlich Ruhe. Das Fleckchen Grün stammt noch aus dem 18. Jh., als Marylebone – ein im Mittelalter entstandenes Dorf – von Feldern umgeben und eine unbedeutende Ortschaft am Rande Londons war.

In **Marylebone High Street ❸**, dem Mittelpunkt des Viertels, ist lange nichts passiert. Doch jetzt merkt man gleich, wie modisch das Quartier geworden ist. Der **Conran Shop** (Nr. 55) präsentiert die neuesten Designermöbel. Ein schick gestyltes Publikum trifft sich im viktorianischen Pub **Prince Regent** (Nr. 71) oder knuspert in der Patisserie **Le Pain Quotidien** (Nr. 72) an einem langen Tisch Croissants und plaudert dabei nonchalant mit dem Tischnachbarn. Wer nach Luxuswäsche für Tisch und Bett sucht, ist bei **Cologne & Cotton** (Nr. 88) richtig. Das Besondere an diesem Viertel ist jedoch etwas ganz Anderes: Es gibt fast keine Supermarktketten.

Bummelt man gemütlich die High Street entlang, entdeckt man zwischen den modischen Neuankömmlingen eine Reihe von alteingesessenen, wirklich nützlichen Läden – im Zentrum Londons keineswegs selbstverständlich. Der Schuster **James Taylor** besohlt seit 1857 in der Paddington Street um die Ecke. Der Fischhändler (Nr. 89) ist auch schon lange da, der Buchladen **Daunt** (Nr. 83) – einer der schönsten der Stadt – wohl bekannt. Und der **Farmers' Market ❹**, Ecke Moxon und Cramer Street (So morgens), bezaubert mit seinen Ständen duftender Rosen frisch vom Land.

Daunt

Von George Street geht es links zu Manchester Square und der **Wallace Collection ❺**. In der niveauvollen Sammlung für Malerei und Kunsthandwerk aus dem

17. und 18. Jh. (tgl. 10–17 Uhr) sehen sich viele lediglich Frans Hals' Meisterwerk »Der lachende Kavalier« an. Andere kommen einzig und allein wegen des schönen Cafés.

Carluccio's Café

Östlich der Marylebone High St. entdeckt man in **Marylebone Lane** ❻ ein paar weitere Juwele. Bei **VV Rouleaux** (Nr. 102, s. Shopping, S. 143) kaufen die Stylisten der Modeblätter Ansteckblumen. In ganz London scheint man den Knopfladen **The Button Queen** (Nr. 76) zu kennen. »English und Foreign Provisions« steht über der Tür von **Paul Rothe und Sons** (Nr. 35, ☽). Bereits in der vierten Generation ist das winzige Sandwichlokal eine Institution.

Von hier aus sind es nur ein paar Schritte zur lauteren Wigmore Street, wo in **Wigmore Hall** ❼ (Nr. 36) vorwiegend Kammerkonzerte stattfinden. Jenseits der Wigmore Street erreicht man die kleine Fußgängerzone **St. Christopher's Place** ❽. Abgesehen von den unzähligen Modeläden scheint der größte Anziehungspunkt **Carluccio's Café** (s. Restaurants, S. 133) am Ende der Gasse zu sein. Vielleicht wegen der Pasta, vielleicht aber auch wegen der gut aussehenden Bedienung. Zur Ⓤ **Bond Street** sind es nur wenige Minuten.

Kaufhaus Selfridges

Alle, die zuvor nicht fündig geworden sind, gehen nur ein paar Schritte rechts weiter auf der stets belebten Oxford Street, wo das edle Riesenkaufhaus **Selfridges** ❾ (s. Shopping, S. 142) unübersehbar ist.

Touren im Anschluss: Jubilee Line: 1, 12; Central Line: 9, 28

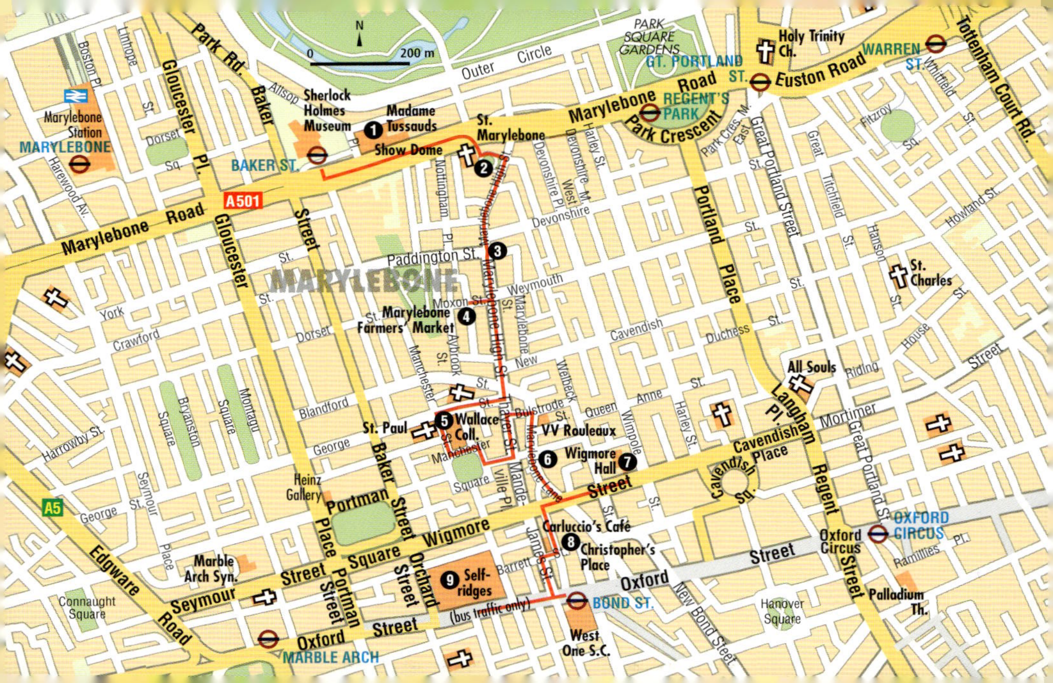

0
200 m
N
MARYLEBONE
Marylebone Station
MARYLEBONE
BAKER ST.
Sherlock Holmes Museum
Madame Tussauds
Show Dome
St. Marylebone
Paddington St.
Marylebone High St.
Marylebone Farmers' Market
Wallace Coll.
VV Rouleaux
Wigmore Hall
Carluccio's Café
Christopher's Place
Selfridges
(bus traffic only)
BOND ST.
West One S.C.
Heinz Gallery
Marble Arch Syn.
MARBLE ARCH
Connaught Square
Outer Circle
PARK SQUARE GARDENS
GT. PORTLAND ST.
REGENT'S PARK
Park Crescent
Holy Trinity Ch.
WARREN ST.
Euston Road
Tottenham Court Rd.
Marylebone Road
A501
A5
Park Rd.
Baker Street
Gloucester Pl.
Portland Place
Great Portland Street
Langham Pl.
All Souls
St. Charles
Cavendish Place
Cavendish Sq.
Regent Street
OXFORD CIRCUS
Oxford Circus
Oxford Street
New Bond Street
Hanover Square
Palladium Th.
Wigmore Street
Portman Square
Portman Street
Orchard Street
Seymour Street
Edgware Road
Bryanston Square
Montagu Square
Manchester Square
Mandeville Pl.
Marylebone Lane
Harley St.
Wimpole St.
Welbeck St.
Queen Anne St.
Devonshire St.
Devonshire Pl.
Weymouth St.
Dorset St.
Dorset Sq.
York St.
Crawford St.
Blandford St.
George St.
Seymour Place
Harrowby St.
Harewood Av.
Boston Pl.
Linhope St.
Allsop Pl.
Nottingham Pl.
Moxon St.
Aybrook St.
Thayer St.
Bulstrode St.
James St.
Barrett St.
St. Paul
Duchess St.
New Cavendish St.
Great Titchfield St.
Hanson St.
Riding House Street
Mortimer
Howland St.
Whitfield St.
Fitzroy Sq.
Ramillies Pl.
Park Cres. M. East
Devonshire M. West

Tour 14

mittel

Bloomsbury: Museumsschätze, Künstlerleben

Bloomsbury Square → *British Museum → Bedford Square → Charlotte Street → Fitzroy Square

Kulturgüter aus allen Winkeln des früheren Empire füllen das 1753 eröffnete British Museum, eine riesige Schatzkammer in Bloomsbury. Zudem ist der Stadtteil bekannt als Wohnort berühmter Künstler und Intellektueller – und für nette Lokale. Gleichfalls einen Blick wert sind die Parkoasen inmitten harmonischer Architekturensembles.

Start: **Ⓤ Holborn (Central/Piccadilly Line)**
Ziel: **Ⓤ Warren Street (Northern/Victoria Line)**
Wann: **zu jeder Jahreszeit, Donnerstag, Freitag, Samstag auch während der Abendöffnung des Museums**

Der Weg zum British Museum führt über den **Bloomsbury Square ❶**. Elegante georgianische Häuser umrahmen den Platz, seinen grünen Kern aber bilden mächtige Platanen. Im 18. Jh. wurden viele solcher Squares konzipiert – geboren aus neuartigen Ideen des Städtebaus. Sie bilden auch heute friedliche Oasen scheinbar weit entfernt vom quirligen Cityleben.

British Museum

Bloomsbury Square ist der historische Kern des Viertels. Anfang des 20. Jhs. stand sein Name Pate für eine Gruppe von jungen Künstlern, Intellektuellen und Schriftstellern – The Bloomsbury Group. Führende Rollen spielten die Literatin Virginia Woolf, ihre ältere Schwester Vanessa Bell sowie der Maler Duncan Grant. Was alle verband, war ihr Ressentiment gegen die viktorianische Moral.

Die Literaten der Bloomsbury Group verbrachten natürlich viel Zeit im legendären Lesesaal des ***British Museum** ❷. Heute ist der Reading Room, in dem auch Mahatma Gandhi und Karl Marx Bücher wälzten, ein Ausstellungsstück im Innenhof. Der Rest der Bibliothek zog 1998 in neue Räume in King's Cross um.

Reading Room

Der Haupteingang des Museums liegt in Great Russell Street (tgl. 10–17.30, Do/Fr bis 20.30 Uhr; Great Court Do, Fr, Sa bis 23 Uhr; kostenlose »Eye Opener Tours« führen mehrmals am Tag durch verschiedene Abteilungen). Man betritt zunächst den von einem riesigen Glasdach überspannten **Great Court** (Design Lord Norman Foster), in dessen Mitte sich der bereits erwähnte Lesesaal erhebt. Rundum bieten Museumsläden eine große Auswahl an Souvenirs, von Postkarten bis zu Repliken antiker Statuen. Von hier gelangt man in die verschiedenen Flügel. Etwa 4 km lang ist der Rundgang durch 94 Abteilungen. Ägyptische Mumien, Buddha-Figuren aus Indien, australische Holzmasken, der ägyptische Rosetta Stone, der die Entzifferung der Hieroglyphen ermöglichte ... die Sammlung ist immens. Doch seit langem schwelt ein Streit um die Rückgabe so mancher Schätze. So sind die Elgin Marbles, Monumentalfriese und Skulpturen aus dem antiken Athen, der Anlass für eine Dauerfehde zwischen Griechenland und der britischen Regierung.

Ägyptische Abteilung

Verlässt man das British Museum zur Great Russell Street hin, lohnt sich ein Blick in die umliegenden Gassen mit ihren guten Antiquariaten, Souvenirläden und Cafés. Man kann den Spaziergang aber auch an der Rückseite des Museums in Montague Place fortsetzen.

Am Bedford Square

Jenseits des in seiner ovalen Form ungewöhnlichen Bedford Square wartet an der verkehrsreichen Tottenham Court Road der verführerische Schreibwarenladen **Paperchase** (Nr. 213–215, s. Shopping, S. 141).

Das nächste Ziel ist **Charlotte Street ❸** in dem als **Fitzrovia** bekannten Teil von Bloomsbury. Die **Fitzroy Tavern ❹** (Nr. 16 a, Ecke Windmill St.) war einst Stammkneipe der Schriftsteller George Orwell, George Bernard Shaw und Dylan Thomas. Heute scheint sich das gesamte Viertel hier zum Feierabenddrink zu treffen. Rechts um die Ecke ist es ebenso lebendig, denn Charlotte Street hat sich zu einem kulinarischen Eldorado gemausert. Zu den verlässlich guten Restaurants gehören das italienische **Bertorelli** (Nr. 19–23, ❍–❍❍) ebenso wie der Spanier **Fino** (Nr. 33, Eingang in Rathbone St., ❍–❍❍) und **Roka** (Nr. 37, s. Restaurants, S. 136, ❍❍) für japanische Küche. Nicht zu vergessen die Cafés, hervorragenden Feinkostläden und Pubs in versteckten kleinen Passagen – Charlotte Street ist ein einziger Genuss.

Fitzroy Square etwas weiter nördlich gilt als einer der schönsten georgianischen Plätze Londons: elegante Reihenhäuser, viel Grün, wohltuende Ruhe. Zur Ⓤ **Warren Street** sind es nur wenige Minuten.

Touren im Anschluss: Northern Line: 4, 5

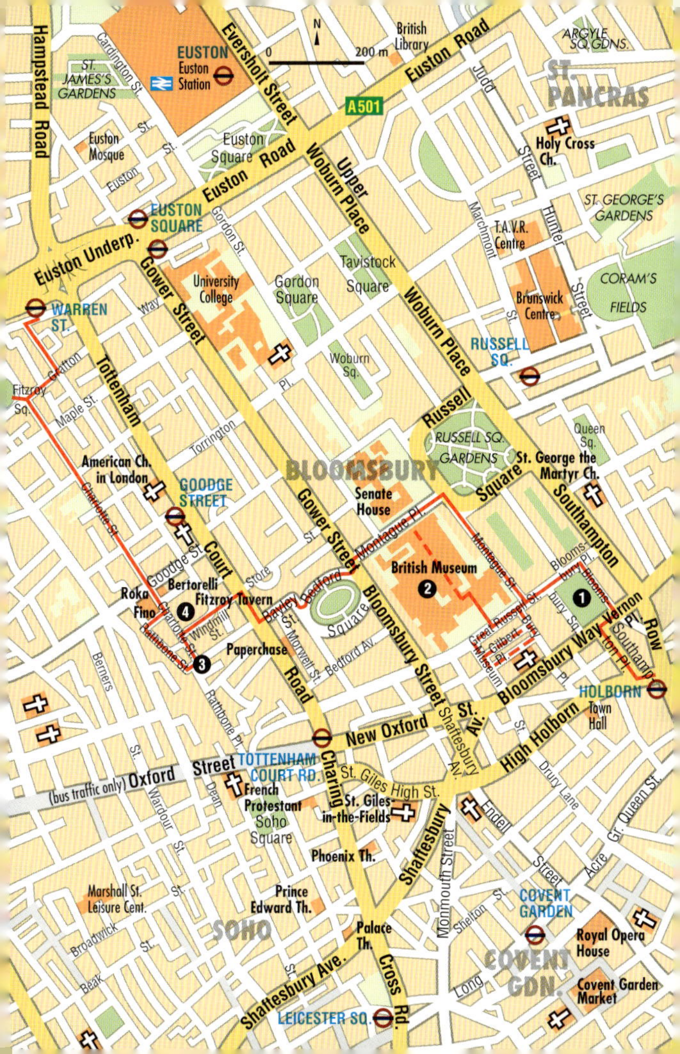
N
0
200 m
British Library
ARGYLE SQ. GDNS.
ST. PANCRAS
Hampstead Road
Cardington St.
ST. JAMES'S GARDENS
EUSTON
Euston Station
Eversholt Street
A501
Euston Road
Judd
Holy Cross Ch.
Euston Mosque
St.
Euston Square
Upper Woburn Place
Street
Hunter
Euston
EUSTON SQUARE
Gordon St.
Marchmont
ST. GEORGE'S GARDENS
T.A.V.R. Centre
Euston Underp.
Gower Street
University College
Gordon Square
Tavistock Square
Woburn Place
Brunswick Centre
CORAM'S FIELDS
WARREN ST.
Way
Grafton
Woburn Sq.
RUSSELL SQ.
Fitzroy Sq.
Maple St.
Tottenham
Pl.
Russell
Torrington
RUSSELL SQ. GARDENS
Queen Sq.
American Ch. in London
BLOOMSBURY
St. George the Martyr Ch.
GOODGE STREET
Square
Southampton
Charlotte St.
Senate House
Montague Pl.
St.
Gower Street
Montague St.
Goodge St.
Court
British Museum
Bloomsbury Pl.
Store
Bertorelli
Fitzroy Tavern
Bedford
Bloomsbury Sq.
Roka
Fino
Bayley St.
Windmill St.
Bloomsbury Street
Great Russell St.
Gilbert Pl.
Vernon Pl.
Row
Charlotte St.
Square
Museum
Bloomsbury Way
Southampton Pl.
Rathbone St.
Paperchase
Morwell St.
Bedford Av.
Berners
Road
Pl.
HOLBORN
Rathbone Pl.
Shaftesbury Av.
St.
Town Hall
New Oxford St.
High Holborn
Drury Lane
St.
(bus traffic only) Oxford
Street
TOTTENHAM COURT RD.
Charing
St. Giles High St.
Dean
French Protestant
Wardour
Soho Square
St. Giles-in-the-Fields
Endell
Gr. Queen St.
Shaftesbury
St.
Phoenix Th.
Monmouth Street
Street
Acre
Marshall St. Leisure Cent.
St.
Prince Edward Th.
COVENT GARDEN
Shelton
Broadwick
SOHO
Palace Th.
Royal Opera House
St.
Beak
St.
Cross
COVENT GDN.
Long
Covent Garden Market
Shaftesbury Ave.
Rd.
LEICESTER SQ.
1
2
3
4

kurz

Charles Dickens' frühe Jahre

Embankment Place → Craven Street → Buckingham Street → John Adam Street → Strand → Maiden Lane → Covent Garden Market (→ Charles Dickens Museum)

In London gibt es zahlreiche Verbindungen zu Charles Dickens. Er zog häufig um, arbeitete an verschiedenen Orten und trank in vielen Pubs sein Ale. Alle Lokalitäten sind in seinen Texten verewigt. Und mit dem Leben des großen englischen Erzählers fand auch das vorindustrielle London des 19. Jahrhunderts Eingang in die Weltliteratur.

Start: Ⓤ Embankment (Northern/Bakerloo/District/Circle Line)
Ziel: Ⓤ Covent Garden (Piccadilly Line)
Wann: auch bei Regen und zu jeder Jahreszeit

Charles Dickens (1812–1870) wurde in Portsmouth in eine achtköpfige Familie hineingeboren. Als er zehn Jahre alt war, zog die Familie nach London. Bald kam der hoch verschuldete Vater ins

Charles Dickens

Gefängnis – Charles' Kindheit war damit zu Ende. Die Gegend zwischen Strand und **Embankment** hieß damals Hungerford, wo der Zwölfjährige in einer Fabrik arbeitete, um die Familie zu ernähren. Kinderarbeit war normal. Die Erlebnisse seiner entbehrungsreichen Jugend schildert Dickens in seinem Roman »David Copperfield«. Er war der erste Schriftsteller Englands, der die sozialen

Probleme des 19. Jhs. aufgriff: die Not der Arbeiter, das düstere Leben in den Elendsvierteln.

Der Weg in die Fabrik führte ihn durch **Craven Street ❶**. Nahe der Themse war sie ärmlich, dort ankerten die Kohlenkutter. Richtung Strand wurde die Straße eleganter: Im 18. Jh. lebte Heinrich Heine auf Nr. 32. Das Haus Nr. 36, Residenz des US-Staatsmanns **Benjamin Franklin,** ist heute ein **Museum** (Mi–So 12 bis 17 Uhr, Tickets für die *Historical Experience Show* bucht man im Internet unter: www.benjaminfranklinhouse.org).

B. Franklin Museum

Die Tür am Haus Nr. 26 (einst von Moby-Dick-Autor Herman Melville bewohnt) hatte einen als Gesicht geformten Türklopfer, der Dickens faszinierte. Im Roman »Ein Weihnachtslied« rekonstruiert er dieses Detail: Der Türklopfer des Geizkragens Scrooge wandelt sich in das Gesicht seines Partners Jacob Marley – eine Episode, die nicht zuletzt dazu beiträgt, dass Scrooge auf den Pfad der Tugend geführt wird.

Craven Street reicht bis zum Strand. Links liegt Trafalgar Square, geradeaus blickt man auf **Golden Cross House ❷**. Heute ein banaler Büroblock mit Internetcafé im Erdgeschoss, war es zu Dickens' Zeiten eine Postkutschenherberge, die er mehrfach erwähnt. David Copperfield übernachtet hier und beschließt, ein erfolgreicher Schriftsteller zu werden.

Craven Street Nr. 26

Craven Passage führt zum kleinen Ladenzentrum **The Arches,** das in Villiers Street endet. Die windschiefe **Sandwich Bar** hier war im 18./19. Jh. eine Polizeistation, in der Unruhestifter eingesperrt wurden. Bis ins Mittelalter reicht sogar die Geschichte der Weinbar **Gordon's** (Nr. 47) in einem schummrigen Kellergewölbe nebenan zurück.

Für Charles Dickens war immer klar, dass er ein Gentleman werden wollte. Er brachte sich Lesen und Schreiben bei, arbeitete sich zum Stenographen und Parlamentsberichterstatter hoch und war nebenbei als Reporter für zwei Zeitungen tätig. 1833 logierte er im Dachgeschoss des Hauses **14 Buckingham Street** ❸. Seine Vermieterin Mrs. Crupp war eine miserable Köchin – als David Copperfields Haushälterin taucht auch sie wieder auf. Restauriert sind viele Gebäude aus dem 17./18. Jh. hier, eine Augenweide aber die neo-klassizistischen Bauten der umliegenden Straßen – benannt nach den vier Architekten-Brüdern **John, James, Robert** und **William Adam.** Den Adelphi-Block, ihr ehrgeizigstes Projekt, ersetzt ein gigantischer Bürokomplex im Stil der 1930er-Jahre. Aber Dickens hat das alte Adelphi in »Little Dorrit« verewigt.

Der Romancier besuchte gerne das **Adelphi Theatre** ❹ im Strand. Danach ging er durch das Gässchen Exchange Court zum **Rules** in Maiden Lane (s. Restaurants, S. 136, ○○ bis ○○○). Er liebte es auch, den Jongleuren und Musikern im **Covent Garden Market** ❺ zuzuschauen. Sie gibt es immer noch.

Dickens Room, Rules

Nur zwei Stationen mit der Ⓤ Piccadilly Line bringen einen von Covent Garden zu Russel Square und in die Nähe von Charles **Dickens Museum** ❻ (48 Doughty Street, Mo bis Sa 10–17, So 11–17 Uhr). 1837–1839 arbeitete der Autor hier an »Nicholas Nickleby«, »Oliver Twist« und »Pickwick Papers«.

Touren im Anschluss: Piccadilly Line: 4, 5, 14

Mecklenburgh Square
CORAM'S FIELDS
Brunswick Square
Brunswick Centre
Hunter Street
Gray's Inn Road
Phoenix Pl.
Rosebery Avenue
Farringdon Road
RUSSELL SQ.
Bernard Street
Grenville St.
Street
Charles Dickens Museum
Woburn Place
Russell Square
Guilford St.
John's Mews
RUSSELL SQ. GARDENS
Great Ormond St.
St. George the Martyr Ch.
Clerkenwell Road
Leather La.
Theobald's Road
Southampton Row
GRAY'S INN GARDENS
Gray's Inn Sq.
Gray's Inn
Jockey's Fields
South Sq.
BLOOMSBURY
British Museum
Montague St.
Great Russell St.
Red Lion Sq.
Procter Street
Vernon Pl.
Southampton Pl.
Bloomsbury Way
HOLBORN
High Holborn
Holborn
CHANCERY LANE
Chancery La.
HOLBORN
Sir John Soane's Museum
Lincoln's Inn Hall
LINCOLN'S INN FIELDS
Land Registry Off.
Shaftesbury Av.
High Holborn
Drury Lane
Great Queen St.
Freemasons Hall
Royal Coll. of Surgeons
Old Curiosity Shop
St. Dunstan-in-the-West
Fetter La.
Endell Street
Monmouth Street
Kingsway
Long Acre
Bow St.
Theatre Royal
Aldwych Theatre
Aldwych
Strand
Temple Ch.
Inn Temple Hall
COVENT GARDEN
Royal Opera House
Lond. Transp. Mus.
St. Clement Danes
COVENT GDN
Covent Gdn. Market
Courtauld Institute of Art
Middle Temple
INNER TEMPLE GDN.
LEICESTER SQ.
St. Martin's Lane
King St.
Henrietta St.
Tavistock St.
St. Paul
Rufus
Southampton St.
Maiden La.
Savoy St.
Lancaster Pl.
Somerset House
King's Coll.
Victoria Embankment
TEMPLE
H.Q.S. Wellington
Colisseum Th.
Chandos Pl.
Adelphi Theatre
Carting La.
Temple Pier
St. Katharine
Charing Cross Undergr. S.C.
Adam St.
John Adam St.
Robert St.
Savoy Pl.
Waterloo Bridge
River Thames
St. Martin-in-the-Fields
Queen Mary
Trafalgar Sq.
Golden Cross House
Buckingham St.
Villiers St.
VICTORIA EMBKT. GDNS.
Savoy Pier
Carven Street
Charing Cross
CHARING CROSS
EMBANKMENT
Festival Pier
National Film Theatre
1
2
3
4
5
6
N
0
200 m

Tour 16

lang

Da Vinci Code an der Themse

Temple Church → Strand → National Gallery → *Westminster Abbey

Was ist das Geheimnis des Da Vinci Code? Der Bestseller vonDan Brown – und seine Verfilmung – fesselt die Menschen. Alte Mythen und die zweitausendjährige Geschichte der katholischen Kirche packt der Autor in einen Roman um den Mord an einem Louvre-Kurator. Die historische Spurensuche führt auch nach London.

Start: Ⓤ Temple (Circle/District Line)
Ziel: Ⓤ Westminster (Jubilee/Circle/District Line)
Wann: zu jeder Jahreszeit

Der Hintergrund der Handlung: Angeblich von Jesus geschwängert, soll Maria Magdalena eine Tochter geboren haben, aus deren Nachkommen das französische Herrschergeschlecht der Merowinger hervorging. Die Tempelritter-Nachfolger (die Mitglieder des Opus Dei) versuchen die für die katholische Kirche gefährlichen Beweise zu zerstören. Dazu gehört der Heilige Gral, der laut dem Bestseller aus Dokumenten über die Abstammung der Nachkommen Jesu besteht. Nach der Ermordung des Louvre-Chefkurators führt die in Spiegelschrift verfasste Botschaft – »In London liegt ein Ritter, der von einem Papst begraben wurde« – den Symbolforscher Robert Langdon (im Film von Tom Hanks gespielt), die Kryptologin Sophie Neveu (Audrey Tautou) und den von der Gralsforschung gepackten Historiker Sir Leigh Teabing (Sir Ian McKellen) u. a. nach London.

Da-Vinci-Code-Fans sollten an der Ⓤ **Temple ❶** ihren Spaziergang beginnen, wo sie rechts an der Gebäudewand das Wappen der Tempelritter sehen. Über keine Gemeinschaft gibt es so viele Legenden wie über diesen 1119 gegründeten Kreuzritterorden. Zu den Spekulationen um die Mitglieder in ihren weißen Gewändern mit dem roten Kreuz gehört auch, dass sie das Geheimnis um den Heiligen Gral bewahren. So suchen die Romanhelden die Lösung des Mysteriums in der Temple Church im Bezirk der Inns of Court zwischen Themse und Fleet Street.

Tempelrittergräber

Der Weg dorthin führt zum östlichen **Embankment.** Hier wird die Grenze zur City mit einer **Statue von Queen Victoria ❷** markiert. Die Drachen in Rot und Weiß symbolisieren die Privilegien der City, die die Queen bis heute respektiert. Bei offiziellen Besuchen muss sie bei der Drachenstatue anhalten und dem Lord Mayor erklären, dass sie in friedlicher Absicht kommt.

Links geht es hinein in die kleine Parkanlage der **Inns of Court.** In dem Labyrinth der Höfe die **Temple Church ❸** zu finden, ist trotzdem einfach. Neuerdings ist sie weltberühmt; Tausende von Menschen pilgern dorthin (in der Regel Mi–Sa geöffnet, Gottesdienst So 11.15 Uhr). Im 12. Jh. gebaut, ist sie ein der Grabeskirche in Jerusalem nachempfundener Rundbau und diente, mitsamt den umliegenden Gebäuden, den Tempelrittern als Hauptquartier in England. Tatsächlich liegen neun lebensgroße Ritterstatuen auf dem Boden. Doch die Spur ist falsch.

Temple Church

Weitere Recherchen bringen Langdon und Neveu zu Westminster Abbey. Sie gehen den **Strand** hinunter, vorbei am winzigen **Twinings-Laden,** der Keimzelle des 1706 gegründeten Teeimperiums (Nr. 216, s. Shopping, S. 143). Zwar keine Adresse im Roman, so hütete Twinings immer schon große Geheimnisse.

Die **National Gallery ❹** am Trafalgar Square liefert einen weiteren Baustein zum Verständis des historischen Zusammenhangs. Dort hängt eine Version von Leonardo da Vincis »Madonna in der Felsgrotte«. Der Knabe, um den sie den rechten Arm legt, soll nach Dan Brown Jesus sein. Die als feindselig interpretierte Pose des Engels, der mit dem Finger auf ihn zeigt, ist für Brown Beweis, dass Leonardo da Vinci an der Göttlichkeit Jesu zweifelte und in Johannes den wirklichen Messias sah.

Sir Leigh Teabing, der sich in St. James's Park eines lästigen Komplizen entledigt, wird schließlich in ***Westminster Abbey ❺** (Mo–Sa ab 9.30 Uhr) als der Bösewicht entlarvt. Langdon und Neveu finden heraus, dass mit »pope« (aus dem anfangs erwähntem Zitat) nicht ein Papst gemeint ist, sondern der englische Schriftsteller Alexander Pope, der einen Nachruf für Sir Isaac Newton an dessen Grab in Westminster Abbey verfasste. Dort finden sie eine Nachricht, mit der sich Teabing selbst zu Fall bringt. Das allerletzte Rätsel löst sich – vor allem für Sophie Neveu – erst in Schottland.

Grab von Sir Isaac Newton

Als Spaziergänger sehnt man sich nun vermutlich nach einer Pause, vielleicht im indischen Restaurant **The Cinnamon Club** (The Old Westminster Library, Great Smith Street, ❍❍).

Touren im Anschluss: 2; Circle/District Line: 1, 6, 16, 24, 25, 26; Jubilee Line: 3, 12

N
0
200 m
Freemasons Hall
Great Queen St.
Endell Street
Monmouth Street
Long Acre
Bow St.
COVENT GARDEN
COVENT GDN.
Royal Opera House
Covent Garden Market
Theatre Royal
Aldwych Theatre
Lond. Transp. Mus.
Kingsway
Aldwych
St. Clement Danes
Serle St.
Carey Street
St. Dunstan-in-the-West
Fetter La.
Royal Courts of Justice
Strand
Twinings
Temple Ch.
Inn.
Temple Hall
Mid. Temple Hall
Middle Temple
Middle Temple La.
Inner Temple
INNER TEMPLE GDN.
Statue Queen Victoria
TEMPLE
Victoria Embankment
Courtauld Institute of Art
Somerset House
King's Coll.
Lancaster Pl.
St. Martin's Lane
St. Paul
Maiden La.
Adelphi Th.
Colisseum Th.
Charing Cross Undergr. S.C.
Carting La.
Savoy Pl.
National Gallery
St. Martin-in-the-Fields
Savoy
Temple Pier
St. Katharine
H.Q.S. Wellington
H.M.S. President
Thames Police Station
Queen Mary
Savoy Pier
Waterloo Bridge
Thames
VICTORIA EMBKT. GDNS.
CHARING CROSS
Charing Cross
Playhouse Th.
Embankment Pier
Festival Pier
National Film Theatre
Royal National Theatre
Queen Elizabeth Hall
Whitehall Th.
Northumberland Ave.
EMBANKMENT
Royal Festival Hall
Hayward Gallery
Waterloo Rd.
Stamford Street
Whitehall
Old War Office
VICTORIA EMBKT. GARDENS
Hispaniola
P.S. Tattershall Castle
bfi London IMAX
St. John's Ch.
Whitehall Stairs
Banqueting House
Royal United Services Museum
Min. of Defence
Cenotaph
London Eye
JUBILEE GARDENS
Road
WATERLOO
River
Waterloo Millen. Pier
Foreign Office
Parliament St.
Victoria Embankment
Westminster Pier
Dali Universe
London Aquarium
York Road
Waterloo International
Treasury
WESTMINSTER
County Hall
Parliament
Bridge St.
Westminster Bridge
Westminster Bri. Rd.
NEW PALACE YD.
Big Ben
Sq.
Westminster Hall
Florence Nightingale Museum
Westminster Bri. Rd.
Baylis
Westminster Abbey
Jewel Tower
Margaret St.
Houses of Parliament
LAMBETH NORTH
Christ Ch. & Upton Chapel
1
2
3
4
5

lang

Tour 17

Tate to Tate: Mit dem Boot zur Kunst

***Tate Britain (Millbank) → mit dem Tate Boat von Millbank Pier zur *Tate Modern (Südufer der Themse) → Oxo Tower Wharf → Gabriel's Wharf → South Bank Arts Centre → London Eye**

Von der ehrwürdigen Tate Britain mit dem Boot zur Tate Modern zu pendeln bedeutet nicht nur höchsten Kunstgenuss, sondern auch ein einzigartiges Citypanorama vom Wasser aus. Der Uferspaziergang zurück bietet Gelegenheit einzutauchen in den lebhaften Alltag rund um die Kulturpaläste der South Bank.

Start: Ⓤ Pimlico (Victoria Line)
Ziel: Ⓤ Westminster (Jubilee/Circle/District Line)
Wann: zu jeder Jahreszeit, Boote zwischen ca. 10 und 17 Uhr (Fahrplaninfo: www.tate.org.uk/tatetotate)

Nur ein paar Minuten dauert der Weg von der Ⓤ **Pimlico** zum Seiteneingang der ***Tate Britain** ❶ in Atterbury Street. Sie eröffnete 1897 als Nationalgalerie für britische Kunst und zeigt Exponate von 1500 bis heute. Porträts von Gainsborough, George Stubbs' Pferdebilder sowie Landschaften von John Constable vermitteln einen guten Einblick in britische Geschichte und Kultur. Die Landschaftsbilder von William Turner erhielten einen eigenen Flügel nach Entwürfen von James Stirling (tgl 10–18, Sonderausstellungen bis 17.15 Uhr; 1. Fr im Monat bis 22, Sonderausstellungen bis 21 Uhr). Für eine Kunstpause empfiehlt sich das elegante **Tate Britain Restaurant** (nur mittags, ❍❍) mit britischer Küche, guter Weinkarte und Wandmalereien von Rex Whistler aus dem Jahr 1926.

Verlässt man die Galerie durch den Hauptausgang, liegt jenseits der Straße der ultramoderne **Millbank Pier.** Von hier aus pendelt das Tate Boat – ein Katamaran mit 220 Sitzplätzen – im 40-Minuten-Takt auf der Themse zwischen Tate Britain, dem Riesenrad London Eye und der Tate Modern (Tickets in den beiden Tates oder an Bord). Während der rund halbstündigen Fahrt erlebt man Londons **Panoramahighlights** aus ganz neuer, ungewohnter Perspektive, denn die Houses of Parliament, Big Ben, Westminster Abbey, die moderne Charing Cross Station wie auch St. Paul's liegen an der Strecke.

Charing Cross Station

Die ***Tate Modern** ❷ (Bankside, tgl. 10 bis 18, Fr, Sa bis 22 Uhr, Kasse bis 17.15 bzw. 21.15 Uhr) war einst ein Kraftwerk, ein Spätwerk von Sir Giles Gilbert Scott, der u. a. auch das klassische rote Telefonhäuschen entwarf. Museale Stille aber erlebt man hier nicht. Umgebaut von den Schweizer Stararchitekten Herzog & de Meuron, wurde die Tate Modern zum Epizentrum der Kunstszene und ein überwältigender Publikumserfolg. Tausende von Besuchern betreten täglich die riesige Turbinenhalle und sind überwältigt von deren Dimensionen. Dann streifen sie durch die Galerien, um Pablo Picasso, Andy Warhol, Joseph Beuys und andere Größen des 20. und 21. Jhs. zu bewundern, im guten Laden in Kunstbüchern zu blättern oder den schönen Blick aus den Fenstern auf Norman Fosters Millennium Bridge zu genießen. So

Tate Modern

riesig ist der Andrang, dass eine noch modernere Tate als Anbau in der Planung ist.

Von der Mitte der eleganten **Millennium-Brücke ❸**, einer Fußgängerverbindung zu St. Paul's Cathedral, hat man einen unvergesslichen Blick auf Londons Skyline.

Millennium Bridge

Wieder am Südufer führt der Spaziergang nach Westminster, zunächst vorbei am **Oxo Tower Wharf ❹** im Art-déco-Stil (im Erdgeschoss eine Galerie, darüber belanglose Designer-Läden). Auf der achten Etage serviert das **Oxo Tower Restaurant** eine leichte europäische Küche (❍❍). Als Alternative bieten sich die preiswerteren Cafés in **Gabriel's Wharf** nebenan zur kulinarischen Ruhepause an.

Ein Stück weiter kommen die Betonterrassen des **Southbank Centre** in Sicht. Es umfasst das **Royal National Theatre ❺**, das **National Film Theatre ❻**, die **Hayward Gallery ❼** mit Wechselausstellungen zeitgenössischer Kunst sowie die **Royal Festival Hall ❽** (s. Nightlife, S. 147) und zwei weitere Konzertsäle. Überall auf der Promenade erlebt man ein buntes Treiben und Musik, zumindest bei gutem Wetter. Wer nun noch London von oben genießen möchte, steigt ins 135 m hohe Riesenrad **London Eye ❾**. Von dort geht es über die imposante Westminster Bridge zur **Ⓤ Westminster.**

London Eye

Touren im Anschluss: 2;
Circle/District Line: 1, 6, 16, 24, 25, 26;
Jubilee Line: 3, 12

Millennium Bridge
Bankside Pier
Oxo Tower Wharf
Bankside Art Gallery
Shakespeare's Globe Theatre
Tate Modern
Shakespeare's Globe Mus.
National Film Theatre
Royal National Theatre
The London Television Centre
Queen Elizabeth Hall
Royal Festival Hall
Hayward Gallery
bfi London IMAX
London Eye
Waterloo Millennium Pier
Jubilee Gardens
Dalí Universe
London Aquarium
County Hall
Westminster Pier
WESTMINSTER
Westminster Bridge
Big Ben
Westminster Hall
Houses of Parliament
Westminster Abbey
Jewel Tower
Abbey Gdn.
Black Rod Gdn.
Victoria Tower Gdns.
St. John's Concert Hall
St. Matthew
Westminster City Hall
Westminster Chapel
Wellington Barracks
Guards' Chapel
Queen Victoria Memorial
Memorial Gardens
ST. JAMES'S PARK
Duck Island
St. James's Park Lake
Bandstand
Cabinet War Rooms
Treasury
Foreign Office
Horse Guards Parade
Guards Memorial
Institute of Contemporary Art
Old Admiralty Building
Admiralty Arch
Old War Office
Banqueting House
Min. of Defence
Whitehall
Parliament St.
Victoria Embankment
Embankment
Victoria Embkt. Gardens
Hispaniola
P.S. Tattershall Castle
Whitehall Stairs
Embankment Pier
Cleopatra's Needle
Savoy Pier
Queen Mary
Festival Pier
Playhouse Th.
Charing Cross
Trafalgar Square
Nat. Gallery
Nat. Portrait Gall.
St. Martin-in-the-Fields
Piccadilly Circus
Royal Academy of Arts
St. James's
London Library
St. James's Palace
Chapel Royal
Clarence House
Lancaster House
Pall Mall
The Mall
Closed to traffic on Sundays
Waterloo
Waterloo International
The Old Vic Theatre
Southwark
Borough
Lambeth North
Lambeth
Archbishop's Park
Lambeth Palace
Museum of Garden History
Florence Nightingale Museum
Imperial War Museum
Geraldine Mary Harmsworth Park
St. George's Cathedral
Christ Ch. & Upton Chapel
Elephant & Castle
Elephant & Castle Station
Dept. of Health
Newington Gdns.
Sessions House
Cuming Museum
Town Hall
Kennington
Lambeth Bridge
Thames House
Tate Britain
Millbank Pier
London River Services
River Thames
Pimlico
Westminster R. C. Cathedral
Old Royal Horticultural Society Hall
New Royal Horticultural Society Hall
Westminster Sch. Playing Field
Vauxhall Bridge Road
A202
A201
0 200 m
N

lang

Regent's Park: rote Rosen und weiße Villen

Park Crescent → Regent's Park → Nash-Terrassen → Queen Mary's Rose Garden → Open Air Theatre → Bootsteich → Sherlock Holmes Museum

Als Ort für eine Auszeit vom Großstadttrubel ist der fast 200 Hektar große Regent's Park nicht zu übertreffen. Hier spielt man Fußball, rudert über dem See, spaziert im romantischen Rosengarten umher oder ruht sich einfach aus. An drei Seiten umrahmen den fast kreisrunden Park eindrucksvoll palastartige Wohnhäuser im Regency-Stil.

Start: **Ⓤ Great Portland Street (Metropolitan/Circle/Hammersmith & City Line)**

Ziel: **Ⓤ Baker Street (Metropolitan/Hammersmith & City/Bakerloo/Circle/Jubilee Line)**

Wann: **an sonnigen Tagen; besonders schön von Mai bis Juli, wenn die Rosen blühen.**

Von der Ⓤ **Great Portland Street** erblickt man bereits die strahlend weißen Stuckfassaden von **Park Crescent ❶**, die Anfang des 19. Jhs. von John Nash entworfen wurden. Er war zur Regierungszeit des Prinzregenten George (ab 1820 König George IV) der gefeierte Architekt der Krone und hatte den Auftrag, ehrgeizige »urbane Verbesserungen« auszuführen. Jenseits von Marylebone Road und einer kleiner Gartenanlage öffnet sich der Park. Rechts beginnen am Park Square East die **Nash Terraces**, die reihenhausartigen Wohnanlagen mit Säulenvorbauten und Kuppeln, die Nash nach Fertigstellung von Park Crescent errichtete. Von außen betrachtet ist dies London wie aus einem Historienfilm: Kein modernes Gebäude weit und breit. Schon für sich gesehen ist die fast 300 m lange **Chester Terrace ❷** mit ihren korinthischen Säulen ein architektonisches Juwel. Noch theatralischer wirken die mit neo-klassizistischen Statuen geschmückten Giebel von **Cumberland Terrace ❸** weiter nördlich. Allesamt gehören die Terraces zu den besten Adressen luxuriösen Wohnens und Arbeitens.

Im Regent's Park

Gegenüber von Chester Terrace führt ein Pfad direkt ins Grüne – zum **Broad Walk ❹,** einer schattigen, mit Springbrunnen und Statuen gestalteten Allee, die sich von Süden nach Norden durch den gesamten Park zieht. Dessen nördliche Begrenzung bilden der **Zoo** und **Regent's Canal,** auf dem kleine bunte Boote tuckern (Anlegestelle in Camden). Im Nordteil erstrecken sich auch die großen Rasenflächen, die für sportliche Zwecke genutzt werden. Abends spielen Büromannschaften Rugby oder Softball, Sonntagmorgen schauen Väter ihren Söhnen beim Fußball zu. Der Park ist ein wunderbarer Tummelplatz für Familien.

Der Broad Walk kreuzt nahe dem Café **Cow and Coffeebean** Chester Road, der durch ein schmiedeeisernes Tor in **Queen Mary's Rose Garden ❺** hineinführt. Alle in England neu gezüchteten Rosensorten sollen hier vertreten sein. Über dieser kleinen Welt voller Zauber liegt in den Blütemonaten Mai bis Juli eine Wolke zarter Düfte. Lauschige Eibenhecken, versteckte Nischen und Bänke tragen zum Charme dieser verwunschenen Enklave bei.

Rose Garden

Man spaziert vorbei an einem Teich mit schwarzen Schwänen, Wasserfall und Holzbrücke zum **Garden Café,** wo auch Pasta und Sandwiches serviert werden (○). Auf einer einladenden Rasenfläche mit Liegestühlen (geringe Gebühr) turteln bei

Open Air Theatre

gutem Wetter junge Paare, ältere Herrschaften sind in ihre Zeitung vertieft oder halten ein Nickerchen. An Matinée-Tagen lauschen sie den Shakespeare-Aufführungen im **Open Air Theatre ❻** nebenan. Selbst wenn diese nicht immer höchste Ansprüche erfüllen – an warmen Sommerabenden haben sie viel Atmosphäre.

Während man an den Ufern des lang gestreckten Sees entlang spaziert oder auch von einem der kleinen Ruderboote aus, sieht man westlichen Parkende den Turm der Moschee des islamischen Kulturzentrum über den Bäumen aufragen. Hinter Regent's College liegt bereits der Ausgang **Clarence Gate** – wenige Minuten von **Baker Street** entfernt. Dort bemerkt man erst beim zweiten Hinschauen, dass der Polizist vor Nr. 221 b ein als Bobby verkleideter Türsteher des **Sherlock Holmes Museum ❼** (tgl. 9.30–18 Uhr) ist. Das berühmte Studierzimmer des Meis-

Sherlock Holmes Museum

terdetektivs, das er sich in Arthur Conan Doyles Büchern 25 Jahre lang mit seinem Freund Dr. Watson teilte, befindet sich im ersten Stock. Kaum glauben möchte man hier, dass Sherlock Holmes nur ein Fantasieprodukt ist. Schräg gegenüber dem Museum liegt die Ⓤ **Baker Street.**

Touren im Anschluss: 13;
Jubilee Line: 2, 3, 9, 12, 13, 22

N
0
200 m
Prince Albert Road
Outer Circle
Regent's Canal
Parkway
A4201
London Zoo
REGENT'S PARK
T.A.V.R. Centre
Barracks
Cumberland Terrace
REGENT'S PARK
Tea House
Broad Walk
Cumberland Gate
Albany Street
Chester Ter.
Outer Circle
Regent's College
Open Air Theatre
Inner Circle
Chester Road
Children's Boating Pond
Boating Lake
QUEEN MARY'S ROSE GARDEN
Bandstand
Chester Gate
Regent's College
Inner Circle
York Bridge
Broad Walk
PLAYGROUND
Royal Coll. of Physicians
Park Road
Gloucester Pl.
Clarence Gate
PARK SQUARE GARDENS
Park Sq. East
Park Sq. West
Sherlock Holmes Museum
Allsop
Baker Street
Outer Circle
Royal Academy of Music
GT. PORTLAND ST.
Marylebone Station
Madame Tussauds
Marylebone Road
Park Crescent
BAKER ST.
Pl.
Show Dome
St. Marylebone
REGENT'S PARK
MARYLEBONE
Marylebone Road
Gloucester
Chiltern St.
Devonshire St.
Portland Place
St.
Paddington St.
MARYLEBONE
York
Weymouth

mittel

Buntes Markttreiben in Camden Town

Roundhouse → Chalk Farm Road → Camden Markets → Camden High Street

Camden, ein baulich eher nichtssagendes Viertel im Norden, hat zwei große Anziehungspunkte. Symbolisiert The Roundhouse als progressive Bühne Londons sprühende Kreativität, erkennt man auf dem riesigen Flohmarkt, der an Wochenenden Scharen von Besuchern aus aller Welt anzieht, wie Geschmäcker wechseln und sich Moden dennoch wiederholen.

Start: **Ⓤ Chalk Farm (Northern Line)**
Ziel: **Ⓤ Camden Town (Northern Line); am Sonntagnachmittag: Ⓤ Mornington Crescent**
Wann: **am besten Samstag oder Sonntag**

Nur ein paar Meter entfernt von der Ⓤ **Chalk Farm** ist die Kultur ins **Roundhouse** ❶ zurückgekehrt. Lange war der 1847 erbaute Lokschuppen, in dem schon Pink Floyd und die Rolling Stones spielten, geschlossen. Nach umfassender Renovierung stehen jetzt Konzerte und avantgardistisches Theater auf dem Programm. Das moderne Café (Mo bis Fr ab 10 Uhr, Sa, So ab 11 Uhr morgens geöffnet) ist perfekt für einen Kaffee, bevor man sich in das Gewühl des Marktes stürzt.

Flohmarkt in Camden

Die Frage nach Londons bester Eisdiele beantwortet eine Kostprobe bei **Marine Ices**

(8 Haverstock Hill) schräg gegenüber. Auf Muscheln und belgisches Bier hat sich hingegen das nahe Restaurant **Belgo Noord** (72 Chalk Farm Rd., ❍–❍❍) spezialisiert. Auf der Chalk Farm Road führt der Weg zum Markt an kleinen Läden und Restaurants vorbei. Im Sortiment ethnischer Musikinstrumente findet man bei **Ray Man Easytern Music** (54 Chalk Farm Rd.) alles von Akkordeon bis Zither. Gleich daneben brilliert das karibische Restaurant **Cottons** (Nr. 55, ❍–❍❍) mit Fischcurry à la Trinidad und so exotischen Cocktails wie »Sex in the Bush«.

Der Markt beginnt auf der anderen Straßenseite auf Höhe der Hartland Road. Eigentlich sind es drei Märkte. Der Stables Market geht (immer parallel zur Hauptstraße) in den Camden Lock Market am Regent's Kanal über. Der dritte im Bund, Camden Market, liegt ein paar Meter südlich direkt an der Straße.

Beginnen Sie im **Stables Market ❷**, der sich in den ehemaligen Pferdeställen und Schuppen ausgebreitet hat – und stürzen Sie sich unerschrocken in die Massen. Das Angebot ist überwältigend. Der Markt wirkt wie ein orientalischer Basar. Auf mehreren Ebenen findet man Antiquitäten, Hawaiihemden, Hip-Hop-CDs, australische Didgeridoos, Fünfzigerjahre-Kleidung, T-Shirts mit dem Aufdruck »Alcatraz Maximum Security Prison«, Kühlschrankmagnete (die sog. *Britney sucks*) – alles bunt durcheinander. Die Markthändler lassen sich gerne auf einen Schwatz ein und sind durchaus zum Handeln bereit. Aber sie lassen sich bitten, und am besten bringt man Bargeld mit.

Zwischen dem Trödel gibt es Restaurants und eine erstaunliche Menge von Imbissständen: marokkanische, thailändische, chinesische Snacks – das Angebot ist außerordentlich kosmopolitisch.

Man drängt sich im Schneckentempo weiter. Die meisten Marktbesucher sind jung und auf der Suche nach coolen Geschenken oder Street Fashion. Im **Camden Lock Market ❸** auf einem Hof an der Kanalschleuse erstaunen noch mehr der Dinge, von denen man gar nicht wusste, dass sie existieren.

Unter der Brücke sitzen eher zwielichtige Gestalten. Von hier kann man den **Regent's Canal** bis zum Zoo entlangwandern. Oder man entschließt sich zu einer Bootsfahrt (z. B. mit Jason's Trips, Abfahrt vor dem Café Crema an der Fußgängerbrücke).

Camden High Street

Nach der Brücke geht Chalk Farm Road in die **Camden High Street** über. Der Verkehr stockt, Marktbesucher laufen kreuz und quer, Tattoo- und Piercing-Studios sowie die Gothic-Läden mit ihrem großem Angebot an schwarzem Lack und Leder fallen auf – für einige ist dies der faszinierendste Teil des ganzen Marktes. Mit konventionellerem Geschmack fragt man sich kopfschüttelnd, auf welchem Stern man denn gelandet ist. Ein paar Meter weiter zweigt rechts **Inverness Street** mit einem kleinen Gemüsemarkt ab. Links der High Street lohnt es sich im **Camden Market ❹** nach billigen Jeans und T-Shirts zu kramen. Am Markt ist man kurz vor der **Ⓤ Camden Town.** Sonntags ist das Gedränge hier derart groß, dass der Eingang von 13 bis 17.30 Uhr geschlossen wird. Dann muss man zur **Ⓤ Mornington Crescent** ausweichen.

Touren im Anschluss: Northern Line: 4, 5

CHALK FARM
Marine Ices
Eton College Rd.
Eton Pl.
Adelaide Road
Primrose Hill Rd.
Ferdinand St.
Harmood St.
Castlehaven Rd.
A400
St. Pancras W.
Camden Rd.
Regent's Park Rd.
1
Roundhouse
Chalk Farm Road
Chalk Farm
2
Stables Market
Castlehaven Rd.
Torbay St.
Kentish Town Road
King Henry's Rd.
Primrose Hill Ct.
Elsworthy Rd.
Gloucester Av.
Chalcot Sq.
Ainger Rd.
Camden Lock Pl.
3
Camden Lock Market
Camden Road
Camden Market
Health Cen.
Camden
Primrose Hill Rd.
PRIMROSE HILL
Primrose Hill
Chalcot Rd.
Fitzroy Rd.
Jamestown Rd.
4
CAMDEN TOWN
Camden Street
Oval Rd.
Inverness St.
Bayham Street
Parkway
Underhill St.
Camden High Street
Regents Park Rd.
Albert St.
Pratt St.
Prince Albert Road
Delancey Street
Broxwood Way
St. Edmund's Ter.
A5205
Regent's Canal
Outer Circle
Avenue Road
Mackennal St.
Arlington Rd.
Mornington Ter.
Park Village East
Gloucester Gate
Hampstead Rd.
London Zoo
South Entrance
N
0
200 m
T.A.V.R. Centre
MORNINGTON CRES.

Tour 20

mittel

Spitalfields: Historisches Wohnen und Saris

Brick Lane → Princelet Street → Folgate Street → Bishop's Square → Old Spitalfields Market → Christchurch → Pettycoat Lane Market

Spitalfields im Osten der Stadt lebt von Kontrasten. Stille Straßen mit stilgetreu restaurierten Häuser aus dem 17. Jahrhundert sind hoch begehrte Adressen bei Börsianern, die in der nahen City arbeiten. Und gleich um die Ecke findet man Sariläden, bengalische Schnellschneider und buntes Markttreiben.

Start: Ⓤ Aldgate East (District/Hammersmith & City Line)
Ziel: Ⓤ Aldgate East
Wann: bei gutem Wetter; sonntagmorgens zum Markt

An der Ⓤ **Aldgate East** taucht man direkt neben der für Avantgardekunst bekannten **Whitechapel Art Gallery** (88 Whitechapel High St., Di–So 11–18, Do bis 21 Uhr) aus dem Untergrund auf. Die Prestigebauten der City im Rücken, biegt man links in

Brick Lane

Osborne Street ein, die in **Brick Lane** ❶ übergeht. Dieses Viertel des Londoner East End war immer ein Sammelbecken für Einwanderer und hat gute und schlechte Tage gesehen. Im 18. Jh. wurden hier Bier und Ziegelsteine hergestellt. Heute betreiben muslimische Bengalen Sariläden, indische Supermärkte und Hintertreppennähstuben. In Seitenstraßen wie **Fournier** und **Princelet**

Street siedelten sich im 18. Jh. aus Frankreich geflüchtete Hugenotten an. Ihre Seidenwebereien waren derart erfolgreich, dass sie sich repräsentative Häuser bauen konnten. Seit deren Restaurierung sind sie ein großer Anziehungspunkt für Architekturenthusiasten. Das Gebäude des **Museum of Immigration and Diversity ❷** (19 Princelet St., vormals eine Synagoge) ist allerdings baufällig und deshalb nur selten geöffnet.

Supermarkt Taj Stores

Wann immer man durch die Brick Lane schlendert – es riecht nach Curry. Muslime in langen weißen Kurtas sitzen in ihren Läden. Vor den Restaurants locken Türsteher mit »very cheap, Sir« oder »air-conditioned, Madame«. Und alle ähneln sich in Preis und Angebot. Als beständig und zuverlässig gut hat sich **The Famous Curry Bazaar** (Nr. 786, ❍) erwiesen. Schräg gegenüber führt der Supermarkt **Taj Stores** (Nr. 112) einfach alles für die Küche, ob Mangos, Maggi oder Kochlöffel.

Londons einst größte Brauerei, die **Old Truman Brewery ❸** (Nr. 91–95) ein paar Meter weiter, ist heute ein Komplex mit Läden, Bars und Restaurants. Links daneben führt der kurze **Dray Walk** zu Cafés, Retro-Läden und der populären **Big Chill Bar** (DJs, Jazz, Reggae, Electronica).

In 93 Brick Lane schallt der Sound von Bongotrommeln aus der Disco **93 Feet East Music Club** (s. Nightlife, S. 145 f.). Ein paar Meter weiter beginnt sonntags der **Brick Lane Market ❹** (etwa von Sonnenaufgang bis 13 Uhr). Hier ist das überaus bunte Angebot – vom rostigen Werkzeug bis zum Designerparfüm – ebenso faszinierend wie der Wirrwarr der Farben, Gerüche und Sprachen. Gleichfalls einen Blick wert sind die trendigen Retro-Shops der **Cheshire Street.**

Der berühmte **Brick Lane Beigel Bake** (Nr. 159, tgl. 24 Std. geöffnet) ist Ziel vieler Nachtschwärmer, nur: Die mit Räucherlachs belegten Beigels sind keineswegs immer frisch. Am Weg zur Commercial Street liegt das exzentrisch dekorierte Restaurant **Les Trois Garçons** (1 Club Row, französische Küche, ❍❍).

Elder und **Fleur de Lis Street,** zwei Seitenstraßen der Commercial Street, zeigen perfekt restaurierte Häuser, Zeugen eines Sieges stilbewusster Hausbesitzer über die Abrisskommandos der Stadt.

Vor dem Haus 18 Folgate Street brennt eine Laterne: Es ist das hübsche Museum **Dennis Severs' House ❺**, in dem mit der Geschichte einer (fiktiven) Seidenweberfamilie die des Viertels erzählt wird (So, Mo, exakte Zeiten unter Tel. 020-72 47 40 13).

Am **Spital Square ❻** gleich um die Ecke ist **30 St. Mary Axe,** Lord Norman Fosters Tower für Swiss Re, plötzlich zum Anfassen nah. Ein Seerosenteich, römische Ausgrabungen unter Glas – der kleine Platz hat Charme. Im Glasdach der Shoppingarkade links von hier spiegelt sich die Christ Church, das Wahrzeichen von Spitalfields und bekannt für gute Konzerte. Am Ende des Ladenzentrums beginnt der **Spitalfields Market ❼** mit vielen Ständen junger Kunsthandwerker (tgl. geöffnet, So am besten).

Spitalfields Market

Weiter südlich biegt man von der Commercial Street rechts ab zum **Petticoat Lane Market ❽** (tgl.) in Wentworth Street. So reich die Auswahl an Leder- und anderer Kleidung, so wenig Atmosphäre hat der Markt. Die Ⓤ **Aldgate** liegt 200 m von hier.

Tour im Anschluss: District Line: 8

Old Street
Hackney Road
Gosset Street
Squirries Street
Bethnal Green Road
A1209
Vallance Road
Curtain Rd.
Calvert Av.
Arnold Circus
Swanfield St.
Club Row
Shoreditch High Street
Great Eastern Street
Granby St.
Brick Lane
Bacon St.
Dunbridge Street
Cheshire Street
Grimsby St.
Sclater Street
Bethnal Green Road
Pedley St.
SHOREDITCH
Brick Lane Market 4
Quaker Street
Buxton Street
Commercial
Dennis Severs' House 5
Elder St.
Old Truman Brewery 3
93 Feet East Music Club
Folgate St.
Woodseer St.
SPITAL FIELDS
A1202
6
Spital Square
Lamb St.
Hanbury St.
Princelet St.
Wilkes St.
2
Museum of Immigration and Diversity
Fournier St.
Spitalfields Market 7
Steward St.
Brushfield Street
Norton Folgate
Liverpool Street Station
LIVERPOOL ST.
Bishopsgate
Bell
Fashion St.
Brick Lane
1
Greatorex St.
Old Montague St.
Montague St.
High
Middlesex Street
Petticoat Lane Market 8
Toynbee St.
Leyden St.
Lane
Wentworth St.
Health Cen.
Old
Osborn Street
Whitechapel Art Gallery
White Chapel
Fieldgate Street
Cutlers Gdns.
Houndsditch
ALDGATE EAST
White Chapel High St.
Commercial Road
Street
St. Botolph St.
Braham
Leman
Goodmans Stile
Christian
Mary Axe
St.
ALDGATE
Alie Street
WHITECHAPEL
Aldgate
Minories
Mansell St.
St.
Ellen St.
Fenchurch Street
Fenchurch Station
Prescot Street
Pinchin
TOWER GATEWAY
Cable Street
Trinity House
TOWER HILL
Tower Gateway
Royal Mint Street
Dock St.
N
0
200 m

Tour 21

lang

Auf den Spuren alter Seefahrerromantik

Wapping High Street → The Town of Ramsgate → The Prospect of Whitby → Wapping Hydraulic Power Station → Limehouse → Thames Path → Westferry Circus

In den alten Hafendörfchen Wapping und Limehouse durchzechten einst Matrosen die Nächte. Nach Schließung der Docks in den 1960er-Jahren wandelten sich die ehemaligen Lagerhäuser zu noblen Wohnquartieren. Doch ein Hauch des Hafenzaubers ist geblieben.

Start: **Ⓤ Wapping (East London Line, bis ca. 2011 Buslinie 100 ab Tower Gateway)**
Ziel: **Ⓤ Canary Wharf (Jubilee Line)**
Wann: **auch bei schlechtem Wetter; sehr stimmungsvoll an Herbst- und Winterabenden**

An der Ⓤ **Wapping** steht man bereits wenige Meter von der Themse entfernt auf der alten High Street. Zur Glanzzeit des Hafens im viktorianischen Zeitalter, als große Flotten ausliefen, um die Welt zu erobern, und mit exotischen Handelswaren zurückkehrten, zählte man hier 140 Matrosenkneipen. Zwei sind übrig geblieben. Eine davon ist der aus dem 17. Jh. stammende Pub **Town of Ramsgate** bei den **Wapping Old Stairs** (62 Wapping High St., südlich der U-Bahnstation), wo man einst Piraten festkettete und ertrinken ließ. Ein paar Meter weiter legen die Themseboote an den **Wapping New Stairs** an.

Town of Ramsgate

Überall führen *stairs,* Treppen, zwischen ausgedienten Speicheranlagen für Tee, Kaffee, Tonnen von Pfeffer und Zimt zur Themse hinunter. Und hin und wieder glaubt man in der Nähe der riesigen Backsteingebäude, wo heute eine finanzkräftige Klientel durchgestyle Lofts bewohnt, den Duft der Gewürze wahrzunehmen. Auch auf dem Spaziergang die Wapping High Street entlang nach Osten entdeckt man die typischen *stairs,* so z. B. New Crane Stairs. Abends kann hier echtes Edgar-Wallace-Feeling aufkommen. Es ist lebhaft vorstellbar, wie die so anschaulich beschriebenen Gauner sich nach unrühmlichen Taten in dichten Nebelschwaden auf der Themse davonmachen, während der Inspektor mal wieder zu spät kommt.

Bei **Wapping Wall** präsentiert sich ein zauberhaftes Nebeneinander von Alt und Neu. Der 1529 gebaute Pub **Prospect of Whitby ❶** war einst eine Piraten- und Schmugglerhöhle, aber auch rechtschaffene Bürger wie Samuel Pepys und Charles Dickens tranken hier später ihr Ale. Heute stehen alteingesessene Bewohner mit ihrem Bier an der Theke und betrachten die neuen Loftbewohner und deren Weingläser mit deutlicher Skepsis.

Prospect of Whitby

Im Prospect of Whitby ist der Blick von der Terrasse im ersten Stock auf die neue Welt der Docklands derart atemberaubend, dass man sich nur schwer losreißen kann. Während man die exzellenten Fish & Chips verspeist (an der Theke bestellen und bezahlen), gleitet hin und wieder auch ein zwölfstöckiger Luxusliner vorbei und lässt die Häuser der Wapping Wall winzig erscheinen.

Die **Wapping Hydraulic Power Station ❷** gegenüber, das alte Kraftwerk des Bezirks, ist inzwischen zu einem Kunstzentrum mit Restaurant (s. Restaurants, S. 137) umgebaut worden.

Hydr. Power Station

Jenseits des King Edward VII Memorial Park beginnt **Limehouse,** zwischen Mitte des 19. Jhs. und dem Ende des Zweiten Weltkriegs Londons zwielichtige China Town. Man folgt nun dem **Thames Path** in Richtung Canary Wharf. Mal führt er direkt am Wasser entlang, mal verläuft er parallel zur **Narrow Street.** Viele Neubauten geben der Uferszenerie ein völlig neues Gesicht, die einstigen Opiumhöhlen von Limehouse sind Geschichte. Ihnen hat vor allem Oscar Wilde in seinem Roman »Das Bildnis des Dorian Gray« (1891) ein literarisches Denkmal gesetzt. Nur der stimmungsvolle Pub **The Grapes ❸** (76 Narrow St.) von 1720 und die **Kapitänshäuser** nebenan erinnern an die alte Seefahrerzeit. Bei den »Trauben« verkehrten früher vorwiegend die Dockarbeiter des **Limehouse Basin ❹**, das mit dem Regent's Canal verbunden ist. Das Publikum am Tresen sind heute die Besitzer schicker Lofts – ihnen gehören auch die frisch gestrichenen, gepflegten Boote an den Kaianlagen, die die anrüchige Vergangenheit nicht mehr ahnen lassen.

The Grapes

Der Thames Path zieht sich weiter am Ufer entlang, vorbei an modernen Apartmenthäusern und glamourösen Hotels, bis zu den belebten Terrassen des **Westferry Circus ❺** auf der Isle of Dogs, wo die Ⓤ **Canary Wharf** bereits zum Greifen nahe ist.

Tour im Anschluss: 22

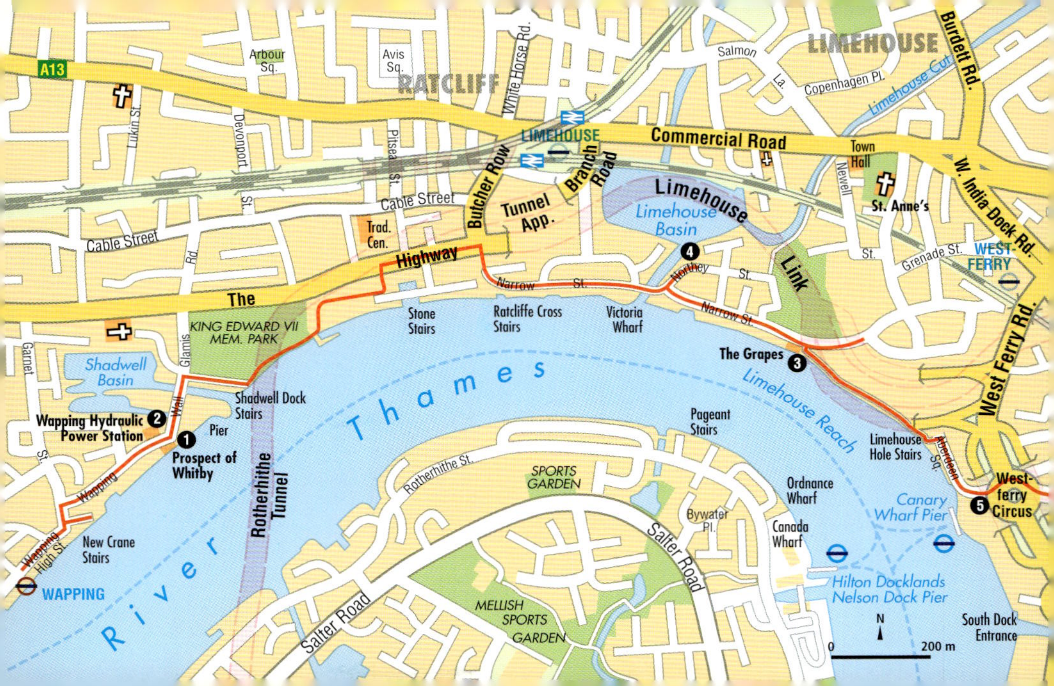

LIMEHOUSE
RATCLIFF
A13
Arbour Sq.
Avis Sq.
White Horse Rd.
Salmon La.
Copenhagen Pl.
Limehouse Cut
Burdett Rd.
Lukin St.
Devonport St.
Pitsea St.
Cable Street
LIMEHOUSE
Commercial Road
Town Hall
Newell St.
St. Anne's
W. India Dock Rd.
Butcher Row
Tunnel App.
Branch Road
Limehouse
Limehouse Basin
Trad. Cen.
The Highway
Grenade St.
WEST-FERRY
Link
Northey St.
Narrow St.
West Ferry Rd.
Glamis Rd.
KING EDWARD VII MEM. PARK
Stone Stairs
Ratcliffe Cross Stairs
Victoria Wharf
The Grapes
Garnet St.
Shadwell Basin
Wapping Hydraulic Power Station
Wall
Shadwell Dock Stairs
Pier
Prospect of Whitby
Thames
Limehouse Reach
Pageant Stairs
Limehouse Hole Stairs
Aberdeen Sq.
West-ferry Circus
Rotherhithe Tunnel
Rotherhithe St.
SPORTS GARDEN
Ordnance Wharf
Canary Wharf Pier
Bywater Pl.
Canada Wharf
Wapping
Wapping High St.
New Crane Stairs
WAPPING
River
Salter Road
MELLISH SPORTS GARDEN
Hilton Docklands Nelson Dock Pier
N
0
200 m
South Dock Entrance

Tour 22

mittel

Canary Wharf – Manhattan an der Themse

Canary Wharf Station → Mackenzie Walk → Fisherman's Walk → Museum in Docklands → Billingsgate Fish Market → Shopping Malls → Westferry Circus

Canary Wharf – östlich der Tower Bridge am Nordufer der Themse gelegen und Teil des ehemaligen Hafens auf der Isle of Dogs – ist eine Hochburg der Finanzwelt, das London des neuen Jahrtausends. Der Spaziergang führt vorbei an Hightechtürmen, drei Einkaufspassagen mit 200 Läden und vielen Bars, Cafés und Restaurants.

Start: **Ⓤ Canary Wharf (Jubilee Line)**
Ziel: **Ⓤ Canary Wharf oder ab Heron Quays mit Docklands Light Railway (DLR) Richtung Tower Gateway**
Wann: **frühabends, wenn sich die Weinbars füllen**

Schon an der Ⓤ **Canary Wharf** ❶ staunt man. Wie eine futuristische Kathedrale aus Marmor, Glas und Stahl wirkt die riesige, 60 m hohe Halle von Stararchitekt Norman Foster. Glasüberkuppelte Rolltreppen surren leise zu einer großen Piazza hinauf. Möwen kreisen über einem Wasserbecken. Man blickt auf gepflegte Grünflächen, schimmernde Wolkenkratzer und Apartmenthäuser, die an den Kais umgestalteter Hafenbecken hochgezogen wurden. Der Kontrast zum traditionsverhafteten Zentrum ist erstaunlich.

Cabot Place mit Tower

Nördlich des Jubilee Park ragt der **Canada Tower** ❷ auf, ein 244 m hohes Bürogebäude mit dem Eingang zu einer Shoppingmeile. In den Cafés auf dem Vorplatz ziehen junge Investmentbanker nervös an ihren Zigaretten, reden über Fußball und Börsendeals. Schnell wird noch der Termin für den obligatorischen Feierabenddrink vereinbart, bevor sie zurück in ihre Büros eilen. 90 000 Arbeitsplätze gibt es inzwischen im Canary Wharf.

Canada Tower

Abends nach sechs scheppert Musik aus den Kneipen im **Mackenzie Walk.** Bei gutem Wetter trinkt die Kundschaft ihr Bier draußen, immer das unvermeidliche Handy am Ohr. Spätestens jetzt fällt noch etwas auf: Niemand ist älter als vierzig.

Weinliebhaber schlendern weiter am Cabot Square vorbei. Ziel ist **Fisherman's Walk ❸**, ein mit Ahornbäumen bepflanzter Boulevard an einem der alten Hafenbecken. Eine Weinbar nach der anderen, die Preise sind gesalzen. Eines ist klar: Hier wird viel Geld verdient und genussvoll wieder ausgegeben. Die sympathischste unter den Bars? Eindeutig **Davy's** (Nr. 31) mit dem gediegenen Ambiente eines holzgetäfelten Raums und erlesener Weinkarte.

Wer Cocktails bevorzugt, überquert hier die Fußgängerbrücke **Wren Landing** zum **West India Quay.** Zwischen den vielen Bars liegt das **Museum in Docklands ❹**, das die Geschichte des ehemaligen Hafens erzählt (tgl. 10–18, Kasse bis 17.30 Uhr). Rechts sieht man in der Ferne den **Billingsgate Fish Market ❺**. Erreichbar ist er, wenn man über die Fußgängerbrücke zurückgeht und den

Vor einer Kneipe

Fisherman's Walk – links halten – bis zu einer weiteren Fußgängerbrücke am Wasser entlangläuft. Links geht es zum Fischmarkt, allerdings man muss früh aufstehen, um den Handel zu erleben (Eingang auf der abgewandten Seite des Gebäudes).

Rechts sind es nur ein paar Meter zu **Canada Place ❻** und dem optisch reizvollsten Restaurant von ganz Canary Wharf: **Plateau** (s. Restaurants, S. 135), im vierten Stock des Hochhauses gegenüber dem Canada Tower. Ein eigener Aufzug bringt die Gäste in das rundum verglaste Restaurant, und wenn abends in den Hightechtürmen die Lichter angehen, dann hat Canary Wharf wirklich etwas Zauberhaftes.

Restaurant The Plateau

Im Souterrain von Canada Place beginnt eine weitere Einkaufspassage. Supermarkt, Sandwichbars, Reisebüros, Juweliere, Mode, Zeitschriften, Bücher – alles, was zu einer guten Shoppingmeile gehört, ist da. Den Wegweisern zu Westferry Circus folgend, gelangt man am Cabot Square wieder ans Tageslicht und läuft auf die Themsepromenade **Westferry Circus ❼** zu. Eine Treppe führt zu abends stimmungsvoll beleuchteten Restaurants und einer Bootsanlegestelle. Überall sind Radfahrer und Spaziergänger unterwegs, bei Sonnenschein hat die Promenade fast etwas Mediterranes. In herbstlichem Nebel aber wirkt sie geheimnisvoll.

Der Weg zurück zur Ⓤ **Canary Wharf** passiert Cabot Square und die Ladenpassage **South Collonade.** Die alternative DLR-Strecke ab **Heron Quays** in Richtung Tower Bridge vermittelt einen Eindruck der neuen Architekturwelt im Londoner Osten.

Touren im Anschluss: DLR: 23; Julilee Line: 9

Three Colt St.
WEST-FERRY
West Ferry Road
Poplar High St.
Aspen Way
POPLAR
Depot
Hertsmere Rd.
4 Museum in Docklands
WEST INDIA QUAY
Limehouse Hole Stairs
Westferry Circus
5 Billingsgate Fish Market
Fisherman's Walk
3
Westferry Circus
Canary Wharf Pier
7
West India Av.
Cabot Sq.
The North Colonnade
Canada Square
WEST INDIA
CANARY WHARF
Canada Tower
2
6 Churchill Pl.
Canada Pl.
Plateau
The South Colonnade
Mackenzie Walk
Churchill Pl.
Cartier Cir.
CANARY WHARF
1
JUBILEE PK.
East Rd.
DOCKS
Heron Quay
Heron Quay
HERON QUAYS
South Dock Entrance
West India Dock
Wood Wharf Business Park
Cascades Tower
ISLE
Satellite Dish
South Dock
River Thames
West India Dock Pier
SOUTH QUAY
South Quay Plaza
Marsh Wall
Thames Quay
Waterman Bldg.
Mastmaker Rd.
Byng St.
Enterprise Business Park
Millharbour
Marsh Wall
Strafford St.
Vanguard Bldg.
Works
Harbour Exchange Sq.
Limeharbour
A1206
Sugar Works
Great Eastern Enterprise Center
OF
Inner Dock
Ocean Wharf
Knighthead Pnt.
London Arena
SIR JOHN MC DOUGALL GDNS.
Mellish St.
Tiller Road
Millharbour
Crossharbour & London Arena
Rd.
Printing Works
Milwall
Arnhem Wharf
Docklands Sailing Cen.
Old Bellgate Wharf
Superstore
DOGS
Greenland Pier
Milwall Outer Dock
Montrose Ho.
East Ferry
MILLWALL
N
0
200 m

Tour 23

lang

Greenwich: Die Geschichte der Zeit

Island Gardens → Cutty Sark → Royal Naval College → Greenwich Park → Queen's House → National Maritime Museum → Old Royal Observatory → Fan Museum → Greenwich Crafts Market

Von Greenwich – 7 km themseabwärts von der Tower Bridge aus – legten Sir Francis Drake, James Cook und Lord Nelson ab, um der Krone auf den Weltmeeren Ruhm zu erwerben. Durch das Observatorium verläuft der Nullmeridian, der die Erde in eine Ost- und eine Westhälfte teilt. Und nicht zuletzt glänzt das ehemalige Fischerdorf mit prachtvoller Renaissance von Christopher Wren und Inigo Jones.

Start: **Docklands Light Railway (DLR) Island Garden bzw. Cutty Sark**
Ziel: **DLR Cutty Sark**
Wann: **bei schönem Wetter, im Winter nur bedingt**

Zur Wahl steht die DLR direkt nach Greenwich. Oder man beginnt den Spaziergang schon an der DLR-Station **Island Gardens** auf der Isle of Dogs. Douglas Path führt zum Park an der Themse. Hier ist ein schöner Blick auf Greenwich am anderen Ufer zu genießen. Dann geht es 98 Stufen (oder im Lift) hinunter in den 365 m langen **Greenwich Foot Tunnel** (1904 gebaut). Sechs Minuten später steht man neben der **Cutty Sark ❶**. 1869 gebaut, war sie der letzte Tee-

Cutty Sark

klipper, der Tee und Gewürze von China nach England brachte – und das damals schnellste Schiff (es wird voraussichtl. bis Frühjahr 2011 restauriert; www.cuttysark.org.uk).

Gleich nebenan befindet sich das 1696–1751 von Christopher Wren errichtete große Komplex des **Royal Naval College ❷**. Die 2010 eröffnete Erlebnisausstellung Discover Greenwich (mit Café) informiert über die maritime Tradition des Ortes; auch eine Besichtigung der Painted Hall (Freskensaal) und der Kapelle lohnt sich (tgl. 10 bis 17 Uhr, Eintritt frei). Biegt man am Thames Path rechts zwischen Painted Hall und Kapelle ein, läuft man auf eine Steinplatte zu. Sie markiert genau die Stelle, an der einst ein Tudor-Palast stand: der Geburtsort von Heinrich VIII. sowie seiner Töchter Mary Tudor und Elizabeth I.

Royal Naval College

Flussabwärts blickt die 150 Jahre alte **Trafalgar Tavern ❸** (Park Row, ○) direkt aufs Wasser. Sie ist berühmt für ihre Sprotten *(whitebait)*. Wenden Sie nun der Themse den Rücken zu. Jenseits der Romney Road (Vorsicht, weder Ampel noch Zebrastreifen) erstreckt sich **Greenwich Park ❹**. 1433 gegründet, war er der erste aller Royal Parks. Ältestes Gebäude ist **Queen's House ❺** (tgl. 10–17, Sommer bis 18 Uhr, Kasse bis 30 Min. vorher), 1616 für Anne, die dänische Frau James' I, im Stil der italienischen Renaissance entworfen. Es ist eine Seltenheit, ein Gebäude von Inigo Jones in solch harmonischen Proportionen zu sehen. Der Museumswärter warnt vor frisch gebohnerten Holzböden, macht auf die gusseiserne Wendeltreppe *(Tulip Stairs)* aufmerksam und weist den Weg zur Galerie, in der William Turners wichtigstes Werk hängt: »Die Schlacht bei Trafalgar« – als Lord Nelson 1805 über Napoleon triumphierte.

Kolonnaden verbinden die Residenz mit dem **National Maritime Museum ❻** (Zeiten wie Queen's House). Zu den Highlights der Ausstellungen über die Geschichte der königlichen Handels- und Kriegsmarine zählt natürlich Lord Nelsons Uniformrock aus der Schlacht von Trafalgar.

Ein kurzer, steiler Pfad (oder ein Pendelbus ab Museum) erklimmt den Hügel zum **Old Royal Observatory ❼**, 1675 von Sir Christopher Wren erbaut (Zeiten wie Queen's House). Am **Nullmeridian,** den man als eisernes Band im Boden von Ost nach West oder umgekehrt überschreiten kann, drängeln sich die Besucher. In der weniger überlaufenen Ausstellung erfährt man Spannendes zu den Themen Zeit, Astronomie und Navigation. Frustrierend war es für John Flamsteed (Hofastronom Charles' II), das Längengradproblem nicht gelöst zu haben. Dies gelang erst John Harrison im Jahr 1761 mit der Erfindung einer Uhr, die auf See präzise die Zeit messen konnte und auf deren Technik alle modernen Armbanduhren basieren.

Old Royal Observatory

Durch St. Mary's Gate kommt man in die Nevada Road und biegt gleich links ab zum **Fan Museum ❽** (12 Croom's Hill, Di–Sa 11–17, So 12–17 Uhr). Den Charme der historischen Fächersammlung unterstreicht noch die stille Oase der Orangerie. Trubel herrscht dagegen im **Crafts Market ❾** rund um die Church Street (Do 7.30–17, Fr–So 9.30–17 Uhr). Die DLR-Station **Cutty Sark** ist gleich um die Ecke.

Fan Museum

Tour im Anschluss: DLR: 22

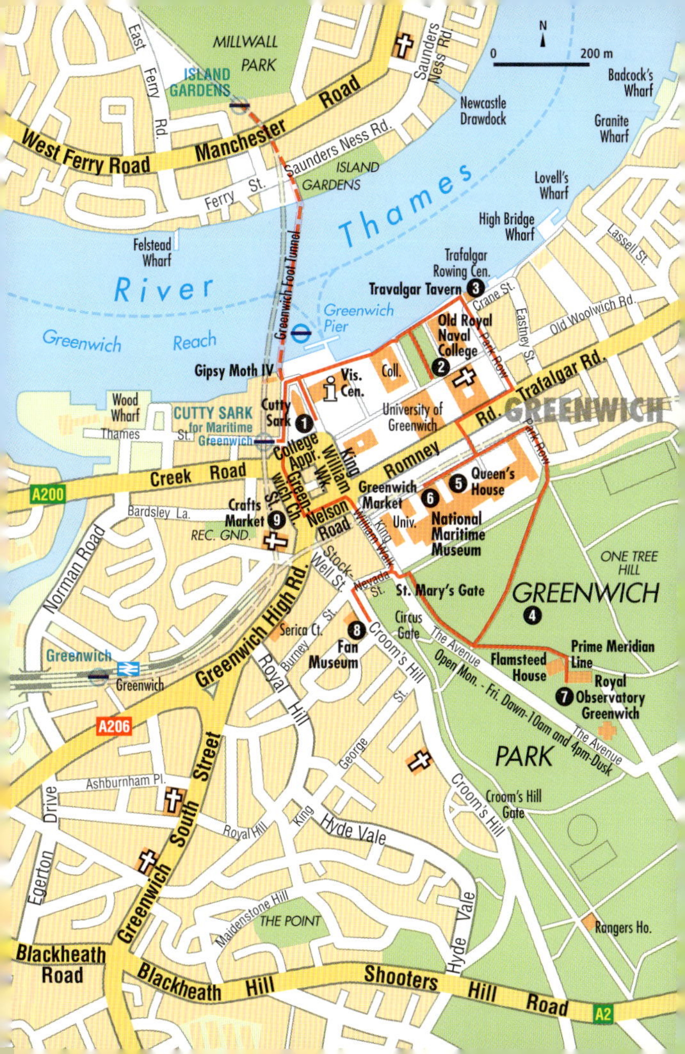
N
0
200 m
MILLWALL PARK
ISLAND GARDENS
East Ferry Rd.
Saunders Ness Rd.
West Ferry Road
Manchester Road
Saunders Ness Rd.
ISLAND GARDENS
Ferry St.
Newcastle Drawdock
Badcock's Wharf
Granite Wharf
Lovell's Wharf
High Bridge Wharf
Lassell St.
Thames
River
Greenwich Reach
Felstead Wharf
Greenwich Foot Tunnel
Greenwich Pier
Trafalgar Rowing Cen.
Travalgar Tavern 3
Crane St.
Old Woolwich Rd.
Eastney St.
Old Royal Naval College 2
Park Row
Gipsy Moth IV
Vis. Cen.
Coll.
University of Greenwich
Trafalgar Rd.
GREENWICH
Wood Wharf
CUTTY SARK for Maritime Greenwich
Thames St.
Cutty Sark 1
College Appr.
King William Wk.
Romney Rd.
Park Row
A200
Creek Road
Greenwich Market
Queen's House 5
6
Bardsley La.
Crafts Market 9
REC. GND.
Greenwich Ch. St.
Nelson Road
King William Walk
Univ.
National Maritime Museum
Norman Road
Stockwell St.
Nevada St.
St. Mary's Gate
ONE TREE HILL
GREENWICH 4
Serica Ct.
8 Fan Museum
Burney St.
Croom's Hill
Circus Gate
The Avenue
Open Mon. - Fri. Dawn-10am and 4pm-Dusk
Flamsteed House
Prime Meridian Line
Royal Observatory Greenwich 7
Greenwich
Greenwich
Greenwich High Rd.
Royal Hill
A206
George St.
The Avenue
PARK
Ashburnham Pl.
Greenwich South Street
Croom's Hill
Croom's Hill Gate
Royal Hill
King George St.
Hyde Vale
Egerton Drive
Maidenstone Hill
THE POINT
Hyde Vale
Rangers Ho.
Blackheath Road
Blackheath Hill
Shooters Hill Road
A2

mittel

Shopping für Ladys

Brompton Cross → Walton Street → Beauchamp Place → Knightsbridge → Harrods → Harvey Nichols

Schmucke Häuserreihen, dazwischen Boutiquen, Brasserien und Cafés – das Wohnviertel South Kensington offenbart sich als hinreißende Mischung aus historischem Charme, Design-Avantgarde und intimer Exklusivität. So anders das urbane Einkaufsparadies Knightsbridge mit den zwei Nobelkaufhäusern Harrods und Harvey Nichols.

Start: Ⓤ South Kensington (District/Circle/Piccadilly Line)
Ziel: Ⓤ Hyde Park Corner (Piccadilly Line)
Wann: zu jeder Jahreszeit; Montag bis Donnerstag sind die Läden nicht so überfüllt, beachtliche Preisnachlässe zu den saisonalen Ausverkäufen

Michelin House

Wer in South Kensington bummeln will, beginnt am Ende der Pelham Road beim Gourmet- und Designtempel **Michelin House** ❶ (81 Fulham Rd.). Optischer Genuss ist schon die Fassade des 1911 entworfenen Gebäudes: Die Fliesenbilder zeigen frühe Autorennen und erzählen die Geschichte der Michelin-Brüder. Dann ein Snack in der Austern Bar, oder man betrachtet die neuesten Wohnobjekte im **Conran Shop** (s. Shopping, S. 139 f.) – Sie könnten hier den ganzen Tag verbringen. Aber es gibt mehr zu sehen. Schließlich ist man mitten im ultraschicken Shoppingdreieck Brompton Cross mit internationalen Stars wie **Chanel** (278 Brompton Rd.), dem phantasievollen Laden **Few and Far** mit Mode und Wohn-Accessoires (Nr. 242) und Szenerestaurants wie **The Collection** (Nr. 264, ○○). In der kleinen, feinen **Walton Street ❷** reiht sich eine exquisite Boutique an die andere. Die Queen schwört, so heißt es, auf Seifen und Duftwässerchen der **Farmacia Santa Maria Novella** (Nr. 117), sonst nur in Florenz erhältlich. Bei **Andrew Martin** (Nr. 200) gibt es schöne Lampen, bei **Marie-Chantal** (Nr. 148) exquisite Kinderkleidung und bei **Nina Campbell** (Nr. 9) Antiquitäten und Stoffe.

Allein die blumengeschmückten Häuser lohnen den Bummel durch die Walton Street. Rechter Hand liegen stille Wohnstraßen mit sorgsam gepflegten Fassaden und auf Hochglanz polierten Türklopfern. Links zweigt u. a. **Beauchamp Place ❸** ab, eine nette Straße mit kleinen Läden, deren gesellschaftlicher Mittelpunkt das italienische Restaurant **San Lorenzo** ist (Nr. 22, ○○). Alle Hollywoodstars auf der Durchreise scheinen hier Station zu machen. Richtung **Brompton Road** rückt das Einkaufsdorado Knightsbridge näher. Links liegt **Brompton Oratory ❹**, eine für die katholische Gemeinde Londons bedeutende Kirche im italienischen Barockstil (mit namhaftem Chor). Schräg gegenüber serviert die Brasserie **Brompton Bar and Grill** (243 Brompton Rd., ○○) Cocktails und französische Küche. Abends oft Jazz im Souterrain.

Harrods

Rechts von Beauchamp Place sind es nur ein paar Meter bis zum Kaufhaus **Harrods ❺** (Nr. 87–135), dessen protzige Terrakottafassade abends 100 000 Glühbirnen beleuchten. Anfang der 1980er-Jahre hatte der ägyptischen Millionär Mohamed Al Fayed das legendäre, 1851 gegründete Luxuskaufhaus erworben. Seit 2010 gehört Harrods einem Investmentunternehmen aus dem Emirat Katar. Al Fayeds Statue im Foyer ist verschwunden. Unverändert gibt es in den

Harvey Nichols

230 Abteilungen auf fünf Stockwerken viele Highlights, darunter die Marmorpracht der Food Hall mit ihrem überwältigenden Angebot und der pastellfarbene Kitsch des Ladurée-Teeladens. Immer einen Besuch wert: Die »Sales« bei Harrods.

Vorbei an vielen Juwelieren gelangt man zum zweiten Edelkaufhaus von Knightsbridge. Abgesehen von der großen Kosmetikabteilung glänzt **Harvey Nichols ❻** (109 bis 125 Knightsbridge) mit einer eher minimalistisch gestalteten (fünften) Lebensmitteletage. Perfekt passt dazu die schicke Sushi-Bar (❍❍); preiswerter ist allerdings die exzellente Wagamama-Nudelbar (❍) im Tiefgeschoss.

Mehr internationale Modestars haben sich in der exklusiven **Sloane Street ❼** etabliert. Kaum ein Fotomodell, das nicht bei **Jo Malone** (Nr. 150, s. Shopping, S. 141) seine Duftkerzen oder bei

Mandarin Oriental

Cartier (Nr. 188) ein Diamantenkreuz kauft. Wer jetzt Entspannung sucht, findet sie gegenüber von Harvey Nichols bei einer Massage im Spa des Luxushotels **Mandarin Oriental** (66 Knightsbridge, Tel. 020-72 35 20 00). Oder man relaxt in der coolen **Blue Bar** des Berkeley Hotel (Wilton Place, s. Hotels, S. 128 f.). Die Ⓤ **Hyde Park Corner** liegt nur etwas weiter östlich.

Touren im Anschluss: Piccadilly Line: 3, 4, 12

HYDE PARK
The Serpentine
Boating Lake
War Memorial
The Lido
Serpentine Gallery
0
200 m
N
Serpentine Road
Wellington Museum, Apsley House
Drive
Carriage
South
Hyde Park Corner
pass
Wellington Mon.
HYDE PARK CORNER
Duke of Wellington Pl.
Grosvenor Place
The Flower Walk
Rotten Row
FOOTBALL PITCHES
New Ride
New Ride
Mandarin Oriental
Under-
bridge
Berkeley Hotel
Hyde Park Barracks
KNIGHTSBRIDGE
Knights-
Kensington
Road
Kensington Gore
Royal Albert Hall
Exhibition
Road
KNIGHTS-BRIDGE
Russian Orthodox Cath.
Ennismore M.
Montpelier Wlk.
Montpelier St.
Trevor
Pl.
KNIGHTS-BRIDGE
Road
Brompton
Harvey Nichols
Wilton Pl.
St. Paul's Church
Grosvenor Cres.
Halkin St.
Chapel St.
Sloane Street
Lowndes Square
Lowndes
St.
Belgrave Square
Upper Belgrave St.
Harrods
Basil
Hans
Basil St.
Cres.
Hans
Place
St.
Chesham Pl.
Belgrave Pl.
Lowndes Pl.
Chesham
St.
Science Museum
Victoria & Albert Museum
Brompton Oratory
Brompton Square
A4
Beauchamp Pl.
Ovington Square
Walton
St.
Pont
Cadogan
Square
A3216
Sloane Street
BELGRAVIA
Lyall
St.
EATON SQUARE GARDENS
Eaton
Square
Eccleston St.
Chester Square
Natural History Museum
Cromwell Road
Place
Thurloe
Thurloe
BROMPTON
Square
Brompton
Road
Egerton Gdns.
Ovington St.
Gardens
Lennox
Cadogan Pl.
Eaton Pl.
Cliveden Pl.
SOUTH KENSINGTON
Harrington Road
Pelham St.
Walton
St.
Michelin House
Moore St.
St. Mary
Jo Malone
1
2
3
4
5
6
7

mittel

King's Road – Fulham Road: Die neue Szene

Sloane Square → Duke of York's Headquarters → King's Road → Chelsea Green → Queen's Elm Parade → Fulham Road → Brompton Cross

King's Road erfindet sich täglich neu: Privatstraße Heinrichs VIII., Adresse von Künstlern und Literaten im 19. Jh., Inbegriff des Swinging London der Sixties, später Punk- und Grunge-Look. Auch in der neuen Szene – Vielfalt heißt das Credo – ist ihre Popularität als schillernde Boutiquenstraße ungebrochen. Fulham Road dagegen glänzt mit Antiquitäten und modernem Design.

Start: Ⓤ Sloane Square (District/Circle Line)
Ziel: Ⓤ South Kensington (District/Circle/Piccadilly L.)
Wann: das ganze Jahr über, auch bei Regen

Der platanengrüne **Sloane Square** stimmt bereits auf Chelsea ein, wo zwischen Läden und Wohngebäuden grüne Inseln aufleuchten. Das **Royal Court Theatre** ❶ erwarb sich Renommee für sozialkritische Aufführungen. Hingegen weckt eine weitere Institution am Platz, das Kaufhaus **Peter Jones** ❷, u. a. mit Dekostoffen und Porzellan die Shoppinglust. Das Etikett »Guter Geschmack« verdient auch **Bamford & Sons** (Nr. 33) für edle Öko-Mode in Pastellfarben (und das Birchermüesli im Café).

Royal Court Theatre

Das neue Fußgängerviertel **Duke of York's Headquarters** ❸ ist perfekt zum Schaufensterbummel – und für einen starken

Espresso zwischen lauter *Yummy Mummies* (schicken jungen Müttern) im **Caffe Fratelli** (Nr. 10). Bei Sonnenschein lockt ein Eiscafé am Springbrunnen; samstags gibt es einen interessanten Food Market. Den Kulturakzent steuert die **Saatchi Gallery** bei (tgl. 10–18 Uhr, letzter Einlass 17.30 Uhr, Eintritt frei).

Ein Kontrastprogramm bietet nun die King's Road: Popsocken verkauft **Tabio** (Nr. 92), minimalistisch strenge Alltagsgegenstände **Muji** (Nr. 118), **Octopus** (Nr. 130) hingegen bunte Kuckucksuhren aus Plastik. Wer bei Muji Tryon Street und dann Elystan Place folgt, entdeckt hübsche Läden wie **Jane Ashers Glamourtorten-Shop** am Park **Chelsea Green ❹**. Nebenan fallen Mode, jede Menge Accessoirs und Utensilien bei **Cath Kidston** (s. Shopping, s. 139) auf, u.a. geblümte Handytaschen.

Zurück zur King's Road. **R Soles** (Nr. 109a) führt Wildweststiefel und Panamahüte. Ein beliebter Stopp für einen Snack ist das **Caffè Nero** (Nr 115). Der Antikmarkt **Antiquarius** (Nr. 131) hat das komfortable **Chelsea Cinema** (Nr. 206) als Gegenüber, **Habitat** (Nr. 208) ist die Adresse für Möbel und Wohnobjekte. Vor der **Old Town Hall ❺** regnet es manchmal Konfetti auf frisch vermählte Paare. Beim Designereinrichtungsladen **Heal's** (Nr. 234) rechts ab führt die Sydney Street zum **Chelsea Farmers Market ❻**, wo in der netten Gärtnerei **Chelsea Gardener** (125 Sydney St.) Kräuter oder Potpourris duften. Interior Design hat auf der King's Road zwei weitere Top-Adressen: **William Yeoward ❼** (Nr. 270) und **Designer's Guild ❽** (Nr. 267). Noch ein Abstecher südwärts in Old Church Street für Schuh-Connaisseure: Auf Nr. 49 verkauft **Manolo Blahník ❾** seine einzigartigen Stilettos!

Antikmarkt Antiquarius

Ein zu teures Café, ein Restaurant mit nur mittelmäßiger britischer Küche (○○), ein blasierter Laden mit Mode und Dekoaccessoires – unter dem Aspekt »Leute sehen« hat der **Bluebird Complex** ⑩, 350 King's Road, noch seinen Reiz. Uneingeschränkt unwiderstehlich finden Schokoladenkenner das Sortiment von **Rococo** (Nr. 321, s. Shopping, S 141 f.).

Schluss mit Shopping? Dann ca. 7 Min. weiter auf der King's Road zum Gartenlokal **La Famiglia** ⑪ (7 Langton St., Tel. 020-73 51 07 61, toskanische Küche, ○○). Oder Sie biegen von Old Church Street in den eleganten **Carlyle Square** ⑫ ein. Hier sind selbst die Untergeschosse der Wohnhäuser perfekt gestylt.

Restaurant La Famiglia

Weiter nach Norden, vorbei am **Chelsea Arts Club** (Nr. 143), dem Treffpunkt der Künstlerboheme, bis zu **Queen's Elm Parade** ⑬. Die exquisiten Antikläden **OF Wilson** und **de Gournay** sowie kleine Shops sind schon ein Vorgeschmack auf **Fulham Road.** Ostwärts bummelt man an schmucken viktorianischen Häuserzeilen entlang, wo sogar die Schornstein-Ensembles wie etwa am **Pelham Crescent** ⑭ hübsch wirken. Designerläden, der schöne alte Modeschmuck bei **Butler & Wilson** (Nr. 189), wunderbare Schaufenster bei **Ralph Lauren** (Nr. 105–109) ... hier genießt das Auge. Vorbei am **Michelin House** ⑮ in **Brompton Cross**, u. a. mit Austernbar und dem Restaurant **Bibendum** (europäische Küche, ○○○), ist man über die Pelham Street bald an der Ⓤ **South Kensington.**

Touren im Anschluss: 13; Circle/District Line: 1, 2, 26; Piccadilly Line: 11

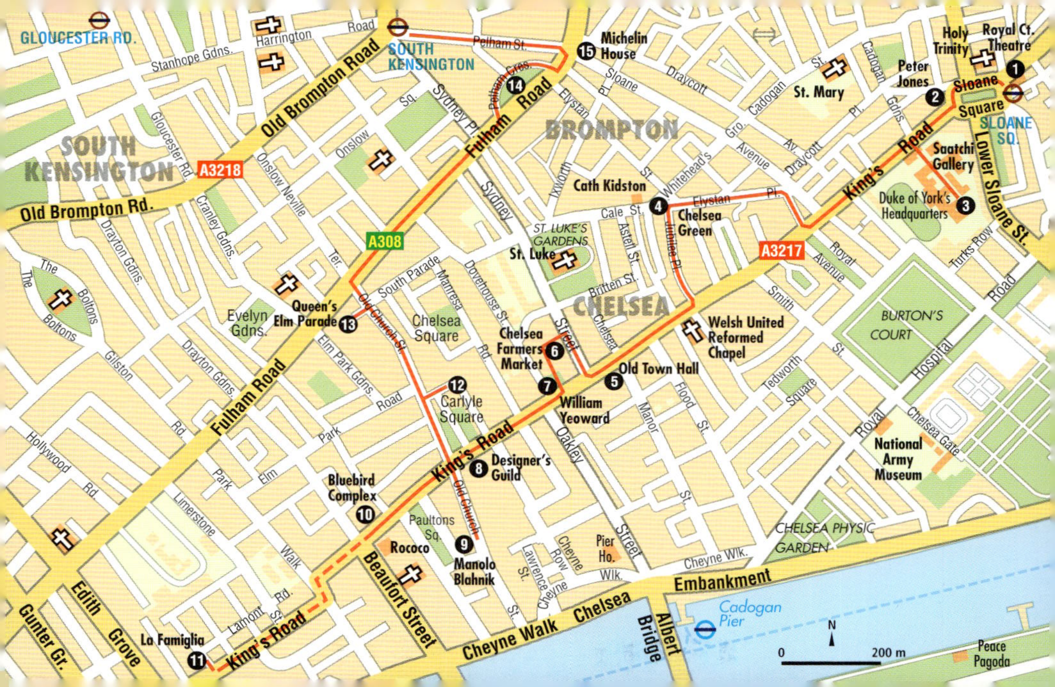
GLOUCESTER RD.
SOUTH KENSINGTON
Michelin House
Holy Trinity
Royal Ct. Theatre
Peter Jones
St. Mary
Sloane Square
SLOANE SQ.
Lower Sloane St.
Saatchi Gallery
Duke of York's Headquarters
BROMPTON
Cath Kidston
Chelsea Green
ST. LUKE'S GARDENS
St. Luke
CHELSEA
Welsh United Reformed Chapel
Old Town Hall
Chelsea Farmers Market
William Yeoward
BURTON'S COURT
National Army Museum
Queen's Elm Parade
Evelyn Gdns.
Chelsea Square
Carlyle Square
Designer's Guild
Bluebird Complex
Paultons Sq.
Rococo
Manolo Blahnik
Pier Ho.
CHELSEA PHYSIC GARDEN
Old Brompton Road
Old Brompton Rd.
Fulham Road
King's Road
A3218
A308
A3217
Cheyne Walk
Chelsea Embankment
Albert Bridge
Cadogan Pier
Beaufort Street
Edith Grove
Gunter Gr.
La Famiglia
Peace Pagoda
0
200 m
N
Pelham St.
Pelham Cres.
Sydney Pl.
Sydney St.
Onslow Sq.
Onslow Neville Ter.
Cranley Gdns.
Gloucester Rd.
Stanhope Gdns.
Harrington Road
Drayton Gdns.
Gilston Rd.
Hollywood Rd.
The Boltons
Elm Park Gdns.
Elm Park Road
Limerstone Street
Lamont Rd.
Old Church St.
South Parade
Manresa Rd.
Dovehouse St.
Ixworth Pl.
Elystan St.
Elystan Pl.
Whitehead's Gro.
Cale St.
Astell St.
Jubilee Pl.
Britten St.
Chelsea Manor Street
Flood St.
Oakley Street
Lawrence St.
Cheyne Row
Cheyne Wlk.
Smith St.
Royal Avenue
Tedworth Square
Royal Hospital Road
Turks Row
Chelsea Gate
Draycott Avenue
Draycott Pl.
Sloane Avenue
Cadogan Gdns.
Cadogan St.
1
2
3
4
5
6
7
8
9
10
11
12
13
14
15

lang

Grüne Themseufer in Chelsea und Battersea

Chelsea Royal Hospital → National Army Museum → Chelsea Physic Garden → Battersea Park

Chelsea offenbart seine erholsame Seite nicht nur in den Privatgärten zwischen schmucken Häuserreihen, sondern auch in den Anlagen des Chelsea Royal Hospital und des duftenden Chelsea Physic Garden. Die Idee eines englischen Parks mit modernen Akzenten verkörpert Battersea Park – Einladung zum Picknick am Themseufer.

Start: **Ⓤ Sloane Square (District/Circle Line)**
Ziel: **Ⓤ Sloane Square**
Wann: **bei Sonnenschein, Frühjahr bis Herbst (wenn der Chelsea Physic Garden geöffnet ist)**

Sloane Square, der Startpunkt des Spaziergangs, repräsentiert noch Chelseas Bürgerlichkeit und Bewusstsein für Stil. Über Lower Sloane Street erreicht man, vorbei an gepflegten Wohnblöcken aus rotem Backstein und einem für London charakteristischen grünen Square, die Royal Hospital Road. An der Ecke erstreckt sich, gleichfalls typisch britisch, ein weitläufiges Cricket Green. Themsewärts fällt der Blick auf eines der alten Wahrzeichen der Stadt: **Chelsea Royal Hospital ❶,** im 17. Jh. von Sir Christopher Wren entworfen. Ein Krankenhaus ist es nie gewesen, sondern damals wie heute ein Altersheim

Chelsea Royal Hospital

für Kriegsveteranen. So sieht man überall im Viertel die *Chelsea Pensioners* in ihren ordenbehangenen Uniformen – im Sommer rot, dunkelblau im Winter. Die Gartenanlagen verwandeln sich alljährlich Ende Mai für fünf Tage in ein buntes, duftendes Blumenmeer, und ein Heer von Pflanzenliebhabern wartet in langen Schlangen am Einlass. Monate im Voraus beginnt bereits der Vorverkauf für die begehrten Tickets zur weltweit berühmten **Chelsea Flower Show** (s. Events, S. 148).

Ein paar Meter weiter steht eine große Kanone auf dem Vorplatz des **National Army Museum ❷**. Hier wird u. a. die Geschichte der britischen Armee veranschaulicht (tgl. 10 bis 17.30 Uhr). Fast übersieht man danach die diskrete Tür von Nr. 68 Royal Hospital Road: zu **Gordon Ramsay** (s. Restaurants, S. 134), dem Treffpunkt betuchter Stammgäste aus aller Welt, die auf Sterne-Koch Gordon Ramsays französische Haute Cuisine schwören.

Physic Garden

Bald biegt links der pittoreske **Swan Walk** ab. Herrschaftliche Häuser zur Linken, zur Rechten eine Backsteinmauer, hinter der sich der **Chelsea Physic Garden ❸** verbirgt (Eingang Swan Walk; April–Okt. So 12–18, Mi, Do und Fr 12 bis 17 Uhr, letzter Einlass jeweils 30 Min. früher). 1673 gründete ihn die Apothekergesellschaft, um Pflanzen(stoffe) für Forschung und Medizin bereitstellen zu können. Still ist es hier zwischen Kräuterbeeten und Heilpflanzen. Man kann an einer Führung (engl.) teilnehmen, und auf den Bänken beim Seerosenteich oder unter Maulbeerbäumen finden sich schattige Plätzchen. In Erinnerung bleibt vielleicht auch das Wildkräuteromelett im Café, wenn man daheim die mit Kräutermotiven bedruckte Schürze aus dem Souvenirshop umbindet.

Etwa 250 m nach dem Ausgang in der Royal Hospital Road geht es links ab zur Themse. Die **Albert Bridge ❹** ist abends märchenhaft beleuchtet. Überquert man sie aber tagsüber, ist die Aussicht in Richtung Südwesten weniger attraktiv. Die gesamte südliche Uferzone wird mit Apartmenthochhäusern von fraglicher architektonischer Qualität zugebaut.

Albert Bridge

Am Ende der Brücke beginnt der **Battersea Park ❺**. Hier heißt es: tief durchatmen! Hier schweift das Auge über weite Flächen. Im Grünen winden sich Pfade zu einem intimen Lustgarten, einem kleinen Zoo, der buddhistischen Peace Pagoda und einem See, auf dem man Boote mieten kann. Überall tummeln sich Mütter mit Kinderwagen und Anwohner, die joggen, picknicken, ihren Hund spazieren führen oder einfach nur gelassen in die Sonne blinzeln.

Im Battersea Park

Zurück nach Chelsea spaziert man über die **Chelsea Bridge.** Im Osten beherrscht die 1934 gebaute **Battersea Power Station** das Panorama. Ein Investor will das denkmalgeschützte ehemalige Kraftwerk in Wohnungen und Büroflächen umwandeln.

Nach rund 10 Min. erreicht man wieder Lower Sloane Street. Diesmal gilt es unbedingt bei **L'Artisan du Chocolat** reinzuschauen (Nr. 89). Petit Fours, verfeinert mit Bananen, Basilikum oder Limetten ... dies ist eine der besten Adressen Londons für edle Pralinen (nur ein paar Minuten von der Ⓤ **Sloane Square** entfernt).

Touren im Anschluss: 25; Circle/District Line: 1, 2, 24

Draycott Av.
St. Mary
Sloane Square
Royal Ct. Theatre
SLOANE SQ.
Eaton Ter.
Semley Pl.
King's Road
Saatchi Gallery
Duke of York's Headquarters
Lower Sloane St.
L'Artisan du Chocolat
Eburv
St. Barnabas
Pimlico Rd.
Elystan Pl.
Markham St.
A3217
St. Leonhard's Ter.
Royal Hospital Road
Chelsea Barracks
CHELSEA
Smith St.
BURTON'S COURT
1
Royal Hospital Chelsea
Chelsea Bridge Road
Ebury Bridge Road
Welsh United Reformed Chapel
Smith Ter.
RANELAGH GARDENS
Flood St.
Christchurch St.
2
National Army Museum
Chelsea Gate
Gordon Ramsay
Paradise Wlk.
Swan Walk
Chelsea Embankment
CHELSEA PHYSIC GARDEN
3
Cheyne Wlk.
Chelsea Bridge
Cadogan Pier
Albert Bridge
4
Queenstown Road
Carriage Drive North
Peace Pagoda
Tennis Courts
Parade
The
Carriage Drive East
Athletic Ground
BATTERSEA PARK
5
Dock
A3031
Carriage Drive North
Tennis Courts
Central Av.
Carriage Drive East
Parkgate Rd.
Albert Bridge Road
Carriage Drive West
Central Av.
Boating Lake
Carriage Drive South
General Games Ground
Petworth St.
Carriage Drive South
N
0
200 m
Battersea Park Rd.

Tour 27

Wimbledon: Tennis und Landluft

lang

Wimbledon Hill Road/High Street → Wimbledon Common → Southside House → Cannizaro House Hotel & Park → Windmill Museum → Buddhapadipa Temple → Wimbledon Lawn Tennis Museum

Ende Juni beginnt im Nobelvorort Wimbledon das berühmte, zweiwöchige Rasentennisturnier. Aber ein Besuch lohnt sich auch sonst in der malerischen Ortschaft, in der es noch richtige Dorfläden gibt. Nicht zuletzt vermittelt Wimbledon Common, ein 500 Hektar großer Park, in dem die Einheimischen ihren Hund spazieren führen, radeln, reiten oder golfen, das Gefühl der englischen »countryside«.

Start: Ⓤ Wimbledon (District Line)
Ziel: Ⓤ Southfields (District Line)
Wann: Frühjahr bis Herbst bei schönem Wetter

Etwa 10 Gehminuten oder nur wenige Minuten mit dem Bus Nr. 93 (Haltestellte gegenüber Ⓤ) sind es auf der Wimbledon Hill Road bis zur **High Street** ❶. Der Bus hält direkt vor dem Laden **Traders Antiques** (17A High St., Do, Fr, Sa 11–17 Uhr, Aug. geschl.), einer Fundgrube hübscher Kostbarkeiten und zwangloser Treffpunkt der *locals*. Auch rechts und links davon gibt es viel zu entdecken. »The past is still here«, steht an der Tür der **Wimbledon Village Bakery** (Nr. 9a), was so viel heißt wie: »Hier wird noch genau wie früher Brot gebacken.« In den **Wimbledon Village**

Village Stables

Stables (Nr. 24 a/b, Tel. 020-89 46 85 79, www.wvstables.com, Mo geschl.) kann man Pferde mieten, bei **Wimbledon Books and Music** (40 High Street) nach Lesestoff stöbern und im uralten Pub **Rose and Crown** ❷ exzellent speisen und romantisch wohnen (16. Jh., Nr. 55, ○○; s. Hotels, S. 131). Den besten Cappuccino serviert hier **Maison St Cassien** (Nr. 71, ○).

Am Kriegerdenkmal beginnt **Wimbledon Common.** Im 17./18. Jh. duellierten sich auf den Wiesen die Gentlemen der Society. Heute geht man spazieren und freut sich über Edelkastanien und Waldkäuze.

Wimbledon Common

Southside Common folgend, gelangt man zu Woodhayes Road. Hier liegt, eingezwängt zwischen zwei Jungenschulen, ein Kleinod: **Southside House** ❸ (Nr. 3–4, von Ostersamstag bis Anf. Okt. Mi, Sa, Fei Führungen 14, 15 und 16 Uhr). 1687 gebaut, fasziniert das Haus ob seines Interieurs und des verwunschenen Gartens. Jenseits einer Wiese verströmen auch die Pubs **Hand in Hand** (7 Crooked Billet) und **The Crooked Billet** (15 Crooked Billet) das Flair von Good Old England. Die Nobeladresse in West Side Common ist **Cannizaro House Hotel** ❹ (Tel. 020-88 79 14 64, www.cannizarohouse.com, ○○○). Wo seit dem 18. Jh. illustre Persönlichkeiten der Hektik Londons zu entfliehen suchten, zelebrieren nun Herren im Burberry-Blazer am Kamin beim Whisky englischen *country style.* Zum alljährlichen Theater- und Jazzfestival (www.canni zaroparkfestival.com) treffen sich in **Cannizaro Park** ❺ Interpreten und Fans aus aller Welt.

Ein langer Spaziergang durch die weitläufige Grünfläche Wimbledon Common oder entlang Cannizaro Road und **Park-**

side hat Windmill Road zum Ziel. Zwar drehen sich die weiß bespannten Flügel des alten Mühlenhauses wieder, aber die Mahlsteine im interessanten **Wimbledon Windmill Museum** ❻ (Ende März bis Ende Okt. Sa 14–17, So, Fei 11–17 Uhr) stehen still. Nebenan serviert der **Windmill Tea Room** (tgl. 10–17 Uhr) ein stärkendes Frühstück und Snacks. Damit ist der nordwestlichste Punkt des Spaziergangs erreicht.

Windmill Museum

Man schlendert die Parkside ein Stück zurück und weiter durch Somerset Road. Der Stil der gepflegten Wohnhäuser wechselt von der Queen-Anne-Periode des frühen 18. Jhs. bis zum Arts-and-Crafts-Stil um 1900. Bald darauf glaubt man in Calonne Road in Thailand zu sein: hinter hohen Zedern leuchtet der rot, weiß und golden bemalte **Buddhapadipa Temple** ❼ (14 Calonne Rd., Mo–Sa 9 bis 18 Uhr, www.buddhapadipa.org). 1982 gebaut, ist er das Ziel von Buddhisten aus aller Welt. Freundliche Mönche laden dazu ein, in diesem Garten innere Ruhe zu finden. »Meditation führt zu Weisheit« steht auf einem Wegweiser durch die Anlage.

Burghley Road trifft auf die Church Road. Dieser folgend, steht man nach gut fünf Minuten vor dem **Wimbledon Lawn Tennis Museum** ❽ des berühmten All England Lawn Tennis & Croquet Club (tgl. 10–17, letzter Einlass 16.30 Uhr; während des Turniers Einlass nur für Ticketinhaber). Es zeigt eine nicht nur für Tennisfans faszinierende Fülle an Hintergrundinformation über das Weltklasseturnier und den Sport mit den weißen Filzkugeln. Vor der Tür hält der Bus Nr. 493 zur Ⓤ **Southfields.**

Tour im Anschluss: District Line: 24

N
0
200 m
SOUTHFIELDS
Augustus Road
SOUTHFIELDS
Brookwood Road
Lavenham Road
Inner Park Road
WIMBLEDON COMMON
Wimbledon Parkside
Wimbledon Park Rd.
Victoria Drive
WIMBLEDON PARK
Athletics Ground
Queensmere Road
Wimbledon Windmill Museum
6
Bathgate Road
WIMBLEDON PARK
Church Road
Boating Lake
A219
Bathgate Road
Wimbledon Lawn Tennis Museum
Club House
8
All England Lawn Tennis & Croquet Club
Cricket Ground
Somerset Road
Wimbledon Park Golf Course
Burghley Road
Home Park Rd.
Arthur Road
Calonne Road
7
Buddhapadipa Temple
Parkside High St.
Church Road
Arthur Road
Leopold Road
Vineyard Hill Rd.
Bishop Gilpin C. of E. Primary School
St. Mary's
Lake Road
Marryat Road
Road
B281
Church Hill
The Causeway
5
Cannizaro Park
Parkside High St.
2
Rose & Crown
1
Wimbledon High St.
West Side
Cannizaro
Lingfield Road
A219
Wimbledon Hill Rd.
B235
4
Cannizaro House Hotel
Museum of Local History
Alexandra Rd.
Common
Southside Common
WIMBLEDON
WIMBLEDON
Wimbledon Station
Ridgway Pl.
Worple Rd.
Wool Hayes Rd.
3
Southside House
Centre Court Shopping Centre

Tour 28

lang

Königliches, museales Kensington

Broad Walk, Kensington Gardens → Kensington Palace → Albert Memorial → Science Museum → Victoria & Albert Museum → Natural History Museum

Kensington Palace ist nicht nur von historischer Bedeutung, weil Prinzessin Diana in seinen Mauern lebte. 1819 wurde hier Victoria, die spätere Queen, geboren – und blieb, bis sie 1837, drei Wochen nach ihrer Thronbesteigung, in den Buckingham Palace umzog. Ihrem Gemahl Albert jedoch verdanken Kensington und London bewundernswerte Impulse in Kunst und Industrie.

Start: Ⓤ Queensway (Central Line)
Ziel: Ⓤ South Kensington (Circle/District/Piccadilly Line)
Wann: Kensington Gardens am schönsten von Frühjahr bis Herbst

Mächtige Linden säumen den Broad Walk in **Kensington Gardens.** Skater flitzen vorbei, Kindermädchen führen ihre Schützlinge spazieren. Aber kein Hauch von Mary Poppins – nicht eine Nanny in Uniform. »Victoria R« ist an der Statue vor **Kensington Palace** ❶ zu lesen, die Queen Victoria als mürrische Witwe darstellt. 1840 hatte sie Albert von Sachsen-Coburg geheiratet. Neun Kinder gebar ihm Victoria – und war erst 58 Jahre alt, als er 1861 an Typhus starb. Sie trauerte um ihn bis zu ihrem Tod 1901.

Kensington Palace

Kensington Palace war ursprünglich ein Landhaus, das William III 1689 kaufte und von Christopher Wren zum Palast umbauen ließ, um der schlechten Luft in Whitehall zu entkommen. Heute dient der Palast hauptsächlich als Residenz für Mitglieder der königlichen Familie. Hier lebte u. a. Prinzessin Margaret, die Diana der 1950er- und 1960er-Jahre. Aber eigentlich interessieren sich die meisten Besucher nur für eines: die drei Stockwerke, die einst Prinzessin Diana bewohnte. Der Teil des Palastes wird bis 2012 umgebaut, aber die Staatsgemächer bleiben zugänglich: britische Designer verwandelten sie mit Installationen und Kreationen in einen »Enchanted Palace« (tgl. 10–18, letzter Einlass 17 Uhr). Ideal für den geflegten Afternoon Tea ist das Café in der **Orangery** neben Kensington Palace.

Von dort führt der romantische **Flower Walk** zum 55 m hohen **Albert Memorial ❷**. In der Hand hält Prinz Albert den Ausstellungskatalog der Great Exhibition, die er angeregt hatte und die Queen Victoria 1851 im Hyde Park in einem eigens errichteten Eisen- und Glaspavillon, dem Crystal Palace, eröffnete (1936 abgebrannt). Die Weltausstellung zog sechs Millionen Besucher an und war ein derartiger Erfolg, dass der Prinz sich seinen großen Traum erfüllte: Er ließ auf dem Land zwischen Kensington Gardens und Cromwell Road eine Reihe von Kulturpalästen errichten, eine Welt der Wissenschaften und Künste.

Auch die **Royal Albert Hall ❸** (1871, Kensington Gore) entstand durch seine Initiative. In der ovalen Konzerthalle finden alljährlich im Sommer die berühmten Promenadenkonzerte, kurz *Proms*, statt (s. Events, S. 149). Trotz umfangreicher Renovierung ist die Saalakustik leider weiterhin miserabel.

Royal Albert Hall

Auf der **Exhibition Road** spaziert man hinein nach »Albertopolis«, wie die Viktorianer das Museumsquartier nannten. Das **Science Museum** ❹ (tgl. 10–18 Uhr) veranschaulicht die Fortschritte in Naturwissenschaft und Technik. Wie funktioniert digitales Fernsehen? Was gibt es Neues in der Weltraumforschung? Jede Frage wird beantwortet.

Victoria & Albert Museum

Im gigantischen **Victoria & Albert Museum** ❺ (Cromwell Rd., tgl. 10–17.45, Fr bis 22 Uhr) muss man konsequent auswählen: Dieses Museum der bildenden und angewandten Kunst beherbergt die weltweit größte Sammlung dekorativer Kunst. Italienische Renaissanceskulpturen, ägyptische Keramik ... die Liste ist endlos. Keinesfalls sollte man die indische Sammlung, die Jameel Gallery für islamische Kunst und die neue Keramik-Abteilung versäumen. Gleichfalls bezaubernd: der kleine Garten mit Zitronenbäumen – und der Museumsladen. Er ist eine Fundgrube für originelle Geschenke.

Im **Natural History Museum** ❻ (Cromwell Rd., tgl. 10–17.50, Einlass bis 17.30 Uhr) steht man ehrfürchtig vor haushohen Dinosaurierskeletten. In den Earth Galleries erlebt man »live« das Erdbeben von 1995 im japanischen Kobe. Der Platz vor der 225 m langen Museumsfassade verwandelt sich im Winter in eine Eislaufbahn. Ein anmutiges Bild – Victoria und Albert hätten ihre Freude daran gehabt.

Natural History Museum

Touren im Anschluss: 24; Circle/District Line: 2, 26; Piccadilly Line: 11

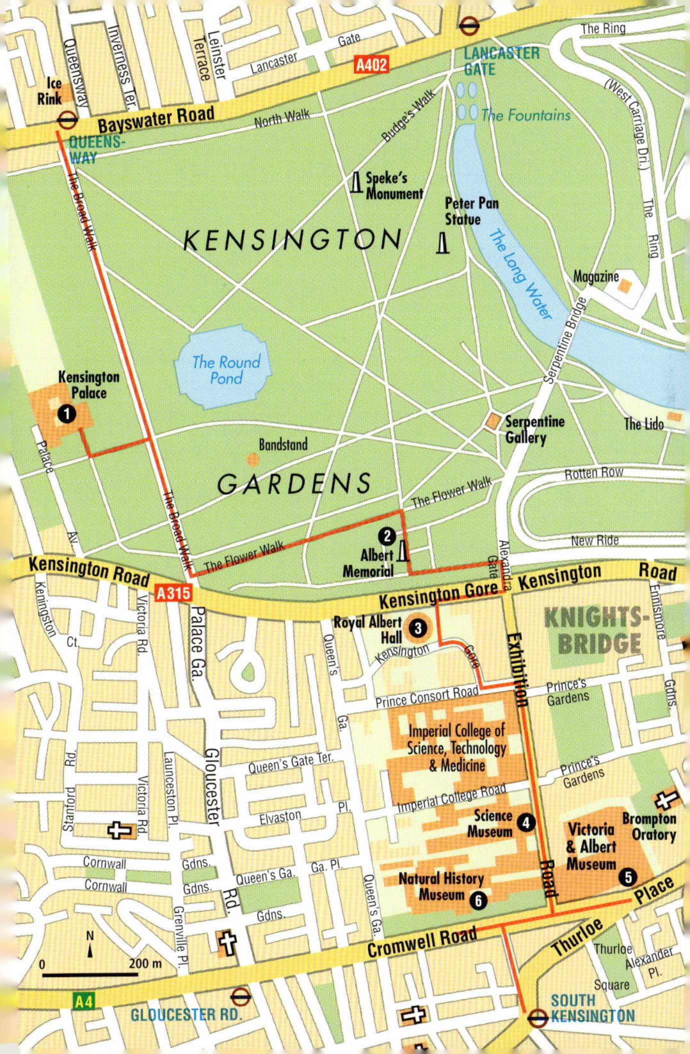
Queensway
Inverness Ter.
Leinster Terrace
Lancaster Gate
The Ring
LANCASTER GATE
A402
Ice Rink
Bayswater Road
QUEENSWAY
North Walk
Budge's Walk
The Fountains
(West Carriage Dri.)
The Ring
Speke's Monument
Peter Pan Statue
The Long Water
The Broad Walk
KENSINGTON
Magazine
Serpentine Bridge
The Round Pond
Kensington Palace
1
Serpentine Gallery
The Lido
Bandstand
Palace Av.
GARDENS
Rotten Row
The Flower Walk
The Broad Walk
2
Albert Memorial
New Ride
Alexandra Gate
Kensington Road
The Flower Walk
A315
Kensington Gore
Kensington Road
Kensington Ct.
Victoria Rd.
Palace Ga.
Royal Albert Hall
3
Kensington Gore
KNIGHTSBRIDGE
Ennismore Gdns.
Queen's Ga.
Exhibition Road
Prince Consort Road
Prince's Gardens
Imperial College of Science, Technology & Medicine
Stanford Rd.
Launceston Pl.
Gloucester Rd.
Queen's Gate Ter.
Prince's Gardens
Victoria Rd.
Elvaston Pl.
Imperial College Road
Science Museum
4
Brompton Oratory
Victoria & Albert Museum
5
Cornwall Gdns.
Cornwall Gdns.
Queen's Ga. Gdns.
Ga. Pl.
Natural History Museum
6
Queen's Ga.
Thurloe Place
N
0
200 m
Grenville Pl.
Cromwell Road
Thurloe Square
Alexander Pl.
A4
GLOUCESTER RD.
SOUTH KENSINGTON

lang

Notting Hill: Fashion und Pfaue

Pembridge Road → Ledbury Road → Westbourne Grove → Portobello Road → Blenheim Crescent → Portland Road → Holland Park

Mindestens drei Gründe ziehen selbst London-Kenner immer wieder in das einst kleinbürgerliche Notting Hill: der berühmte Trödel- und Antikmarkt auf der Portobello Road, die quirlige afro-karibische Szene sowie die modischen Läden und Cafés. Darüber hinaus liegt die stille Idylle des Holland Park nur einen Steinwurf entfernt.

Start: Ⓤ Notting Hill Gate (Central/District/Circle Line)
Ziel: Ⓤ Holland Park (Central Line)
Wann: an trockenen, nicht zu kalten Tagen; Freitag und Samstag ist der Markt am besten

Die Ⓤ **Notting Hill Gate** entlässt einen mitten im Viertel. Jedes Wochenende schieben sich Tausende von Menschen durch die Pembridge Road, vorbei an bunt bemalten Häuserfassaden und Läden mit Secondhandkleidung. Eine echte Kuriosität ist im Obergeschoss des **Prince Albert Pub ❶** (Nr. 11) zu entdecken: das **Gate Theatre,** eines der ältesten Pub-Theater in London. Ein paar Meter weiter links beginnt die **Portobello Road.** Sie ist Londons erste Adresse für Antiquitäten und Trödel (tgl. außer So, am besten Fr u. Sa). Und: Ende August ist sie die Open-Air-Bühne des farbenpräch-

Notting Hill Gate

tigen **Notting Hill Carnival** (s. Events, S. 149), den die aus der Karibik stammenden Einwohnern ausgelassen feiern.

Lassen Sie die Portobello Road auf dem Weg zur Ledbury Road zunächst (!) links liegen. Strahlend weiße Villen zeigen es an: Notting Hill ist zwar Schmelztiegel vieler Gesellschaftsschichten, aber seit das Viertel als Kulisse für den gleichnamigen Film Karriere machte, galoppieren die Immobilienpreise davon. Sobald irgendwo renoviert wird, kommt die betuchte Klientel der Makler zum Zuge.

Beim Carnival

Ledbury Road ❷ versammelt eine bunte Mischung von Designerläden. Immer einen Blick wert sind die Schuhe von **Emma Hope** (Nr. 207, Ecke Westbourne Grove). Rechter Hand gibt es in **Westbourne Grove ❸** eine Reihe von Interior-Design-Läden und Restaurants; nach Westen hin ist sie Laufsteg glamouröser Stilikonen. Man stolpert förmlich über superschlanke Schönheiten, die im Bioladen **Daylesford Organic** (Nr 208–212) ihre Salatblätter und Äpfel kaufen und in pastellfarbenen Boutiquen wie **Nanette Lepore** (Nr. 206) Kleider mit wenig Stoff anprobieren. Absolut filmreif, wie dann männliche Begleiter vom Typ Mir-gehört-die-Welt zustimmend nicken und die Kreditkarten zücken. Anschließend nimmt man den Espresso im **Café 202** (Nr. 202), wo auch die Home Collection der Designerin **Nicole Farhi** verkauft wird.

Portobello Road

Vorbei an der Blumeninsel **Wild at Heart** gehts nun zur **Portobello Road ❹**. Bis zum Elgin Crescent wird mit Antiquitäten gehandelt, aber die Portobello Road ist fast 2 km lang, und je weiter nördlich, desto trödeliger wird der

Markt. In Elgin Crescent führt **Graham & Green** (Nr. 4) dekorative Wohnobjekte, **Mr. Christian's** (Nr. 11) göttliche Delikatessen. Zurück in der Portobello Road steht man bald vor dem **Electric Cinema** (Nr. 191). Mit Kultfilmen, bequemen Ledersesseln oder Sofas für Zwei lockt es ein buntes Publikum.

Electric Cinema

Blenheim Crescent, die nächste Straße links, hat eine Reihe spannender Läden, z. B. den **Spice Shop** (Nr. 1, s. Shopping, S. 142) mit Gewürzen aus aller Welt. **Books for Cooks** (Nr. 4) hat sich auf Kochbücher spezialisiert und ist gleichzeitig ein Gourmet-Cafe (s. Shopping, S. 138).

Blenheim Crescent mündet auf Clarendon Road, von der **Portland Road ❺** abzweigt: Zunächst säumen sie Sozialwohnungsbauten – dies ist die weniger glanzvolle Seite von Notting Hill. Dann wird es plötzlich wieder trendy: mit Modeläden wie **The Cross** (Nr. 141) und der Weinbar **Julie's** (Nr. 135).

Weiter schlendert man über Holland Park Ave. bis zur gleichnamigen U-Bahnstation und schlägt dort die Straße Holland Park ein. Vorbei an feudalen Villen entdeckt man gegenüber Nr. 34 einen der Zugänge zu **Holland Park ❻**. Blumenrabatten, Pfaue, ein Waldlehrpfad, ein Abenteuerspielplatz und ein Freilichttheater: Der Park hat viel für die ganze Familie zu bieten. Einen romantischen Abend verspricht das Restaurant **The Belvedere** (Tel. 020-76 02 12 38, französische Küche, ❍❍) mit seiner unschlagbar schönen Parklage. Viele Wege führen zurück zur Ⓤ **Holland Park.**

Im Holland Park

Touren im Anschluss: Central Line: 10, 14

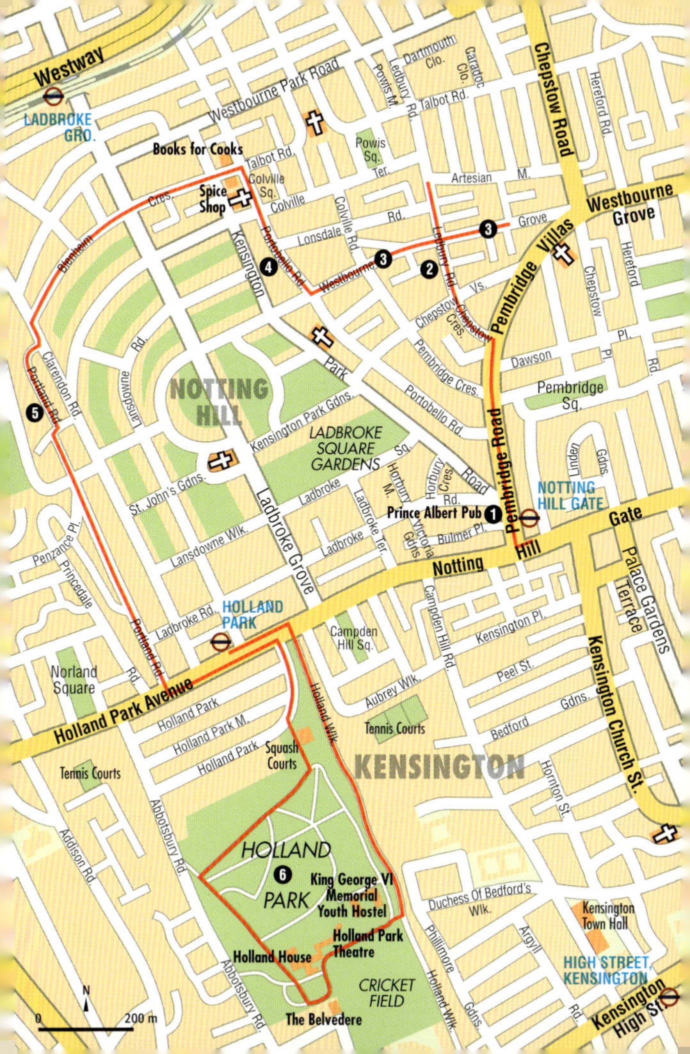

Westway
LADBROKE GRO.
Westbourne Park Road
Books for Cooks
Spice Shop
Talbot Rd.
Colville Sq.
Colville
Powis M.
Ledbury Rd.
Dartmouth Clo.
Caradoc Clo.
Talbot Rd.
Powis Sq.
Ter.
Artesian
M.
Chepstow Road
Hereford Rd.
Westbourne Grove
Grove
Rd.
Lonsdale
Colville Rd.
Blenheim
Cres.
Kensington
Portobello Rd.
Westbourne
Ledbury Rd.
Vs.
Pembridge Villas
Chepstow
Hereford
Chepstow Cres.
Chepstow
Pembridge
Park
Dawson
Pl.
Pl.
Rd.
Pembridge Cres.
Pembridge Sq.
Portobello Rd.
Clarendon Rd.
Portland Rd.
Lansdowne
Rd.
NOTTING HILL
Kensington Park Gdns.
LADBROKE SQUARE GARDENS
Sq.
Horbury M.
Horbury Cres.
Road
Pembridge Road
Linden
Gdns.
NOTTING HILL GATE
St. John's Gdns.
Ladbroke
Ladbroke Grove
Ladbroke Ter.
Rd.
Prince Albert Pub
Victoria Gdns.
Bulmer Pl.
Gate
Penzance Pl.
Princedale
Lansdowne Wlk.
Ladbroke
Notting
Hill
Palace Gardens Terrace
Ladbroke Rd.
HOLLAND PARK
Campden Hill Sq.
Campden Hill Rd.
Kensington Pl.
Norland Square
Rd.
Portland Rd.
Holland Park Avenue
Holland Wlk.
Aubrey Wlk.
Peel St.
Kensington Church St.
Holland Park
Holland Park M.
Holland Park
Squash Courts
Tennis Courts
Gdns.
Bedford
Tennis Courts
KENSINGTON
Hornton St.
Abbotsbury Rd.
Addison Rd.
HOLLAND PARK
King George VI Memorial Youth Hostel
Duchess Of Bedford's Wlk.
Kensington Town Hall
Holland Park Theatre
Holland House
Argyll
Phillimore
CRICKET FIELD
HIGH STREET, KENSINGTON
Holland Wlk.
Abbotsbury Rd.
The Belvedere
Gdns.
Rd.
Kensington High St.
N
0
200 m

lang

Kew Gardens: Der Garten Eden

Alpine House → Princess of Wales Conservatory → Kew Palace → Sackler Crossing → Temperate House → Chinese Pagoda → Palm House

Die prächtigen Tropenhäuser, die chinesische Pagode ... Kew Gardens im Südwesten Londons ist für seine architektonischen Juwelen aus dem 18. Jahrhundert ebenso berühmt wie für die bezaubernde Parklandschaft. So vereint der Spaziergang Entspannung im Grünen mit dem Blick auf abwechslungsreiche Garten- und Baukultur – auch des 21. Jahrhunderts.

Start: Ⓤ Kew Gardens (District Line), National Rail
Ziel: Ⓤ Kew Gardens
Wann: bei schönem Wetter, besonders reizvoll im Frühling

Am Ausgang der Ⓤ **Kew Gardens** führt rechts eine Fußgängerbrücke zu den malerischen kleinen Läden der **Station Parade.** Dort beginnt Lichfield Road, die in rund fünf Minuten zum **Victoria Gate** ❶ der **Royal Botanic Gardens Kew** führt (Ende März–Ende Aug. tgl. ab 9.30, letzter Einlass 18 Uhr, Sa, So und Feiertagen 19.30 Uhr, im Winter kürzer; Kew Palace April–Okt. ab 10 Uhr geöffnet; Eintritt £ 13.50, bis 17 Jahre frei).

Dass aus zwei königlichen Parks die Kew Gardens hervorgingen – 120 ha groß, seit 2003 auch UNESCO-Weltkulturerbe – ist u. a. Prinzessin Augusta, der Mutter von George III, zu verdanken. William Chambers, ein China-begeisterter Architekt, und der Landschaftsplaner Lancelot »Capability« Brown jedoch waren die wirklichen Gestalter. Kew ist ein kleines Paradies, ein Ort, an dem man sich vorstellt, die Zeit sei stehen geblieben. Bequem kann man sich alles von den Sitzbänkchen des rollenden »Kew Explorer« aus betrachten. Aber schöner ist der Spaziergang durch Alleen mit alten Baumgruppen zu einem Rhododendronwäldchen, dem Seerosenteich oder der Bambusschonung. Überall laden Bänke zum Ausruhen ein. Und ringsum beobachtet man Gärtner und Studenten, die Erde karren, Unkraut jäten und gerne Fragen beantworten, z. B. über die 25 000 verschiedenen Baum- und Pflanzenarten aus aller Welt.

Kew Palace

Das nächste Ziel ist ein neues architektonisches Highlight: das **Alpine House ❷**. Das extrem trockene (!) Klima in der 10 m hohen Glaspyramide lässt an die 300 alpine Pflanzen herrlich gedeihen. Wegweiser leiten rechts vom Wasserfall zum **Princess of Wales Conservatory ❸**. Das Gewächshaus, 1987 von Prinzessin Diana eröffnet, stellt Pflanzen aus zehn Klimazonen – von den Tropen bis zur Arktis – vor. Weiter auf dem **Broad Walk** bietet sich für eine Kaffeepause die **Orangery** (Pasta, Sandwiches, ❍) an.

Kew Palace ❹ hatte sich George III im 18. Jh. im Stil eines holländischen Landhäuschens erbauen lassen. Hier feierte die Queen im April 2006 ihren 80. Geburtstag. Neben der Architektur ist der duftende Kräutergarten attraktiver Blickfang.

Palm House

Vorbei an herrlichen alten Bambushorsten führt der Weg zu einem eleganten Gartenelement: **Sackler Crossing ❺**. In s-förmigem Schwung überspannt die Fußgängerbrücke einen kleinen See im Westteil der Gärten. Eingebettet in eine typisch englische Parklandschaft ist er Lebensraum und Brutplatz ungewöhnlicher Wasservogelarten. Biegt man auf dem Weg zum Temperate House links ab, kann man über den **Rhizotron & Xstrata Treetop Walkway** in 18 m Höhe durch die Kronen der uralten Bäume von Kew laufen (letzter Zugang 17.15 Uhr).

Temperate House

Nach Plänen von Decimus Burton entstand im 19. Jh. das berühmte **Temperate House ❻** (Haus der gemäßigten Klimazonen). Unter dieser großartigen Konstruktion aus Glas und Eisen wuchert im warmen Sprühnebel automatischer Sprinklerdüsen eine grüne Wunderwelt. Auf keinen Fall verpassen sollte man die in Chile heimische Weinpalme, gezüchtet aus einem 1846 gesetzten Samen.

In anderer Art exotisch wirkt die **Chinese Pagoda ❼** (1761) von W. Chambers. Chinareisen hatten ihn zu dem 10-stöckigen Turm inspiriert. Günstig liegt das **Pavilion Restaurant** (Snacks, ruhiger als die Orangerie, ❍) am Weg zum **Palm House ❽**, das Decimus Burton im 19. Jh. konstruierte. In einem tropischen Pflanzendschungel reifen hier Bananen, Papayas und Mangos.

Am Victoria Gate führt der Ausgang durch eine kleine Gärtnerei und – wie könnte es anders sein – einen Souvenirladen.

The Glasshouse

Nettere Andenken entdeckt man in den hübschen Läden der Station Parade. Falls jetzt der Magen knurrt: **The Glasshouse** (s. Restaurants, S. 134, ❍❍) versteht sich auf eine aromatisch-leichte Marktküche.

Tour im Anschluss: District Line: 24

N
0
200 m
River Thames
Kew Green
Kew Green
Kew Road
Orangery
Kew Gardens Gallery
KEW
Kew Palace
4
2
Alpine House
3
Princess of Wales Conservatory
Priory Road
Gloucester Road
Mortlake Road
ROYAL BOTANIC
GARDENS KEW
Kew Road
Kew Gardens Rd.
Palm House
8
The Pond
Plants & People Exhibition
Broomfield Rd.
Lichfield Rd.
1
Victoria Gate
The Lake
Sackler Crossing
5
KEW GARDENS
Kew Gardens Rd.
The Glasshouse
High
West Park Rd.
Burlington Av.
A307
Rhizotron & Xstrata Treetop Walkway
Park Road
Evolution House
6
Temperate House
Pavilion Restaurant
Ennerdale Rd.
North Road
OLD DEER
PARK
The
Avenue
North Gallery
Sandycombe Road
Pensford Av.
Ennerdale Rd.
Chinese Pagoda
7
Kew Road
NORTH SHEEN
Marksbury Av.
B353
North Road
Gainsborough Rd.
Chilton Rd.

Londons Luxusherbergen glänzen mit Eleganz und vollendetem Service. Leider gehören die Zimmerpreise zu den höchsten der Welt. Aber es gibt mehr und mehr preiswerte Hotels. Und: Sondertarife sind in der Nachsaison und am Wochenende durchaus üblich.

Aster House **(South Kensington)**
3 Sumner Place, Tel. 020-75 81 58 88, www.asterhouse.com, ❍
Gut geführtes, kleines Haus aus dem 19. Jh. mit 13 konventionell ausgestatteten Zimmern; nahe Ⓤ South Kensington, aber doch ruhig gelegen. Unter Palmen sitzt man beim reichhaltigen Buffetfrühstück im Wintergarten, während im Garten Enten und Gänse schnattern.

The Berkeley **(Knightsbridge, Touren 11, 24, Seiten 48, 102)**
Wilton Place, Tel. 020-72 35 60 00, www.the-berkeley.co.uk, ❍❍❍
Das Fünfsternehotel weckt Assoziationen an einen trockenen Sherry:

kultiviert, klassisch, immer richtig. Allerhöchsten Ansprüchen genügen die 214 Zimmer und Suiten in traditionellem Stil, das Restaurant Marcus Wareing at the Berkeley mit französischer Haute Cuisine, die Brasserie Boxwood Café wie auch die populäre Bar. Entspannung verspricht die Dachterrasse mit Pool. Ideale Lage für Shopping.

Egerton House Hotel **(Knightsbridge)**
17 Egerton Terrace, Tel. 020.75 89 24 12,
www.egertonhousehotel.co.uk, ❍❍❍

Floraler Chintz und knarrendes Parkett – dieses Boutique-Hotel mit einem erlesenenen Frühstücksservice ist der Inbegriff englischen Landhausstils. 30 Zimmer verteilen sich auf vier mit Antiquitäten und Ölgemälden ausgestattete viktorianische Reihenhäuser. Zur gepflegten Teestunde lädt der Salon. Shops und Museen in Knightsbridge und South Kensington liegen vor der Tür.

The Fielding Hotel **(Covent Garden)**
4 Broad Walk, Bow Street, Tel. 020-78 36 83 05,
www.the-fielding-hotel.co.uk, ❍

Kein Wunder, dass dieses Hotel so populär ist. Das aus drei Häusern des frühen 19. Jhs. bestehende Ensemble liegt in einer charmanten Fußgängerzone im Theaterviertel, in der abends noch Laternen brennen. Das Royal Opera House ist nur ein paar Schritte entfernt. Schon Graham Greene schätzte das Hotel. Die 24 einfach eingerichteten Zimmer sind für Londoner Verhältnisse preiswert, allerdings wird kein Frühstück serviert.

The Main House (Notting Hill)
6 Colville Road, Tel. 020-72 21 96 91, www.themainhouse.co.uk, ❍

Dieses Bed & Breakfast ist ein kleines Juwel mit sehr persönlicher Note. Es bietet vier helle, mit Antiquitäten ausgestattete Gästezimmer (allesamt mit Bad) und liefert zum Biofrühstück auch die Morgenzeitung. Gleich um die Ecke liegt der Portobello-Flohmarkt. Unbedingt frühzeitig buchen.

Malmaison (City)
18–21 Charterhouse Sq., Tel. 020-70 12 37 00, www.malmaison-london.com, ❍❍

Außen viktorianischer Backstein, innen moderne Einrichtung. Die Farben sind eher ungewöhnlich: Ob in der Lobby oder den 97 Zimmern – überall dominieren Nuancen von Taubengrau und Malve. Ruhige Lage im Grünen nahe dem Smithfield Market mit vielen Bars und Restaurants. Bistro, Fitnessraum und günstige Wochenendtarife.

The Rockwell (West Kensington)
181 Cromwell Road, Tel. 020-72 44 20 00, www.therockwellhotel.com, ❍❍

Hinter der viktorianischen Fassade verbirgt sich ein neues, modern gestyltes Hotel mit 40 Zimmern unweit des Earls-Court-Ausstellungszentrums. Im Sommer genießt man die internationale Küche der Brasserie im grünen Innenhof. Für Kommunikationsfreaks: Die Rezeption verleiht Laptops.

Rose and Crown Hotel (Wimbledon, Tour 27, Seite 113)
55 High Street, Wimbledon, Tel. 020-89 47 47 13,
www.roseandcrownwimbledon.co.uk, ❍
Die alte Kutscherherberge aus dem 16. Jh. besteht als Pub mit schönem Innenhof fort. In den oberen Etagen entstanden 13 Zimmer ohne großen Luxus, aber sympathisch traditionell eingerichtet. Wer zum Tennisturnier Ende Juni kommt (sehr früh buchen) oder einfach die Landluft von Wimbledon genießen will, ist hier gut aufgehoben.

The Soho Hotel (Soho)
4 Richmond Mews, Tel. 020-75 59 30 00,
www.firmdale.com, ❍❍❍

Das coole Designhotel in einer ruhigen Ecke von Soho ist der Hot Spot des Viertels. Luxus pur in 91 großen, pastellfarben dekorierten Zimmern – und überall spürt man die Liebe zum Detail: von den modernen Kunstwerken bis zum Kaminfeuer in zwei Salons. Das Angebot an Komfort runden ein Kino im Souterrain, ein Fitnesszentrum und ein Restaurant mit leichter britischer Küche ab.

Windermere Hotel (Victoria)
142–144 Warwick Way, Tel. 020-78 34 51 63,
www.windermere-hotel.co.uk, ❍
Hinter der gepflegten Fassade mit ihren blitzblanken Kutscherlampen stehen 20 komfortable, wenn auch nicht riesige Zimmer mit romantischen Betten zur Verfügung (u. a. Familienzimmer für drei bis vier Personen). Schlicht und preiswert ist die Küche des Restaurants Pimlico Room. Zentrale Lage in der Nähe von Victoria Station.

Das gängige Klischee von schlechter britischer Küche stimmt längst nicht mehr. In London arbeiten fast so viele Sterne-Köche wie in Paris. Aber selbst die Toprestaurants haben günstige Mittagsmenüs. Einen Tisch zu reservieren, ist ratsam. Ist auf der Rechnung Service Charge nicht vermerkt, sind 10–15 %Trinkgeld üblich.

Al Hamra **(Mayfair, Tour 12, Seite 52)**
31–33 Shepherd Market, W1, Tel. 020-74 93 19 54,
www.alhamrarestaurant.co.uk; kein Ruhetag, ❍❍
Libanesisches Restaurant mit großer Auswahl an Mezze-Variationen, etwa mit Walnüssen gefüllte Auberginen, Artischockenherzen oder armenische Lammwürstchen, ferner Fisch und Fleisch vom Grill.

Bellamy's **(Mayfair, Tour 12, Seite 54)**
18–18a Bruton Place, W1, Tel. 020-74 91 27 27,
www.bellamyrestaurant.co.uk; So geschl., ❍❍

Gedämpftes Licht, viel Mahagoni – die Atmosphäre erinnert an einen gediegenen Gentlemen's Club. Auf der Speisekarte findet man französische Brasserie-Klassiker wie Zwiebelsuppe und Entrecôte mit Pommes frites. Besonders zu empfehlen sind die frischen Salate. Die Küche ist exzellent, der Service freundlich und überaus aufmerksam. Das besondere Etwas: die Austernbar.

Carluccio's (Marylebone, Tour 13, Seite 58)
St. Christopher's Place, W1, Tel. 020–76 29 06 99,
www.carluccios.com; kein Ruhetag, ❍

Diese Filiale der populären Café-Kette hat ihren eigenen Feinkostladen und ist eine kleine Oase nahe der rastlosen Oxford Street. Ob zum Frühstück eine Focaccia (das klassiche italienische Sandwich), Ossobuco alla milanese zum Lunch oder einfach ein schneller Cappuccino – bei Carluccio's ist alles gut und günstig (ganz unabhängig davon, in welchem der zahlreichen Carluccio-Cafés man Platz nimmt).

Le Coq d'Argent (City, Tour 7, Seite 33)
1 Poultry, EC2, Tel. 020-73 95 50 00, www.coqdargent.co.uk;
Sa mittags geschl., ❍❍–❍❍❍

Hier treffen sich Börsianer zum Power Lunch und ergötzen sich an Hummer und Austern. Ebenfalls in Bestform sind die klassisch französischen Gerichte wie Taube mit Foie Gras. Auf der schönen Dachterrasse sitzt man im Grünen zwischen riesigen Kübelgewächsen. Wirkt die Atmosphäre im »Silbernen Hahn« unter der Woche eher förmlich, entspannt sich die Stimmung zum Sunday Lunch mit Jazz.

The Glasshouse (Kew Gardens, Tour 30, Seite 126)
14 Station Parade, Kew TW9 3PZ, Tel. 020-89 40 67 77,
www.glasshouserestaurant.co.uk; kein Ruhetag, ❍❍

Die Lage direkt bei der U-Bahnstation, nur 5 Min. von Kew Gardens entfernt, ist ideal. Dazu ein schickes modernes Interieur und gediegene französische Küche: Kein Wunder, dass dieses Restaurant die führende kulinarische Attraktion von Kew ist. Zu den Spezialitäten gehören Lachsmousse, geschmorter Schweinebauch und Apfeltorte.

Gordon Ramsay (Chelsea, Tour 26, Seite 109)
68–69 Royal Hospital Road, SW3, Tel. 020-73 52 44 41,
www.gordonramsay.com; Sa, So geschl., ❍❍❍

Hier einen Tisch zu ergattern, ist nicht einfach. Aber alle Mühe lohnt sich, um in edlem Ambiente Starkoch Gordon Ramsays Lammbraten oder die Birnen-Tarte mit Gorgonzola-Eiscreme zu probieren.

Inn the Park (Hyde Park, Tour 1, Seite 10)
St. James's Park, SW1, Tel. 020-74 51 99 99,
www.innthepark.com; kein Ruhetag, ❍–❍❍

Ein runder Glaspavillon mit Grasdach und großer Terrasse am See des St. James's Park – grüner lässt es sich in London kaum speisen. Bei den Zutaten legt man größten Wert auf jeweils saisonal frische, britische Produkte – die Küche ist verlässlich gut.

Masala Zone (Soho, Tour 4, Seite 22)
9 Marshall Street, W1, Tel. 020-72 87 99 66,
www.realindianfood.com; kein Ruhetag, ❍

Hier gibt es indisches Fastfood, wie es in Gujarat, Mumbai oder Kolkata/Kalkutta an den Straßenständen zubereitet wird, z. B. als Imbiss *dahi puri* (mit Kichererbsen, Kartoffeln und Joghurt gefüllte Küchlein) oder *shikampuri kebab* (Lammkroketten). Als Hauptgericht ist *prawn malai* (mit Kokos gewürzte Krabben) oder *cochin coconut bowl* (Huhn und Nudeln in einer mit Curryblättern, Ingwer und Kardamom gewürzten Kokossuppe) zu empfehlen. Die terrakottafarbenen Wände geben dem schlicht möblierten Lokal seine besondere Atmosphäre.

Plateau (Isle of Dogs, Tour 22, Seite 94)
Canada Place, Canada Sqare, Canary Wharf, E14,
Tel. 020-77 15 71 00, www.danddlondon.com;
So geschl., ❍–❍❍

Das optisch schönste Restaurant der Docklands ist das Plateau im vierten Stock eines Bürogebäudes (über dem Supermarkt Waitrose). Ob man im formellen Restaurant oder im preiswerteren »Grill« speist, überall ist das Ambiente hell und freundlich. Viel Glas und der Blick auf den Canada Tower, eine mit Olivenbäumen geschickt gestylte Raumaufteilung, edle Designklassiker als Mobiliar und sorgfältig zubereitete internationale Gerichte wie Cesar Salad mit Sardellendressing oder der Fischauflauf sind die Gründe dafür, dass hier mittags kaum ein Platz frei bleibt. Am schönsten und ruhigsten ist es jedoch abends, wenn die Stahl- und Glastürme im Dämmerlicht glitzern.

Roast **(South Bank, Tour 9, Seite 41)**
Floral Hall, Borough Market, Stoney St., SE1, Tel. 0845-0 34 73 00, www.roast-restaurant.com; kein Ruhetag, ❍❍
Roast befindet sich im ersten Stock der schön restaurierten Blumenhalle (1858) des Borough-Gemüsemarktes. Auf der Speisekarte überraschen selten gewordene britische Spezialitäten wie *jellied eel* (Aal in Aspik) oder Ochsenherz mit Zwiebeln. Besonders zu empfehlen sind die auf der Dessertkarte unter *Savouries* (Salziges) aufgeführten *Devils on horseback:* gegrillte Pflaumen im Speckmantel, serviert mit frischem Salat. Bereits zum Frühstück geöffnet.

Roka **(Fitzrovia, Tour 14, Seite 62)**
37 Charlotte Street, W1, Tel. 020-75 80 64 64, www.rokarestaurant.com; kein Ruhetag, ❍❍
Leichte japanische Küche im rundum verglasten Restaurant inmitten der Galerien, Läden und Cafés von Fitzrovia. Abgesehen von Sushi und Sashimi gehören gegrillter Fisch und der *Rice Hot Pot,* ein japanisches Risotto mit Bambussprossen, zu den Bestsellern.

Rules **(Covent Garden, Tour 15, Seite 66)**
35 Maiden Lane, WC2, Tel. 020-78 36 53 14, www.rules.co.uk; kein Ruhetag, ❍❍–❍❍❍
Das große viktorianische Traditionslokal im Theaterdistrikt ist Londons ältestes Restaurant. Es wurde bereits 1798 gegründet und serviert klassische britische Spezialitäten wie Roast Beef, Steaks und Wild je nach Saison.

Wapping Food (Wapping, Tour 21, Seite 90)
Wapping Hydraulic Power Station, Wapping Wall, E1, Tel. 020-76 80 20 80; www.thewappingproject.com; So Abend geschl., ❍–❍❍

Eine exzellente Idee: Das alte Kraftwerk des Bezirks wurde zum Kunstzentrum mit Restaurant. In der freundlichen Atmosphäre der original erhaltenen Kesselhallen speist man gegrilltes Lamm mit Brokkoli und ein köstliches Holundersorbet. Im Sommer wird auf der kleinen Wiese vor dem Bau gegrillt. Sehr beliebt zum Sonntagslunch.

The Wolseley (St. James's, Tour 3, Seite 16)
160 Piccadilly, W1, Tel. 020-74 99 69 96, www.thewolseley.com; kein Ruhetag, ❍❍

Inspiriert von den berühmten Kaffeehäusern in Wien, Budapest und Prag, gibt es hier mitteleuropäische Spezialitäten, die man in London selten findet, etwa ungarisches Gulasch mit Spätzle, Wiener Schnitzel und Nürnberger Bratwürstchen mit Kartoffelsalat. The Wolseley ist zugleich eine populäre Adresse zum Frühstück.

Yming (Soho, Tour 4, Seite 22)
35–36 Greek Street (nahe Soho Square), W1, Tel. 020-77 34 27 21, www.yming.co.uk; So geschl., ❍–❍❍

Besitzerin Christine Yau hat sich auf eine moderne chinesische Küche spezialisiert. Die mit Krabben gefüllten Frühlingsrollen sind so fein wie der gedünstete Fisch, der Hit aber ist das geschmorte, mit Zitronenschale gewürzte Lamm.

Restaurants

Bates The Hatter (St. James's, s. S. 17, Tour 3, Seite 17)
73 Jermyn St., SW1, Tel. 020-77 34 27 22, www.bates-hats.co.uk
Auch unter der neuen Adresse – im Laden des Herrenausstatters Hilditch & Key – wird wie eh und je Maß genommen. Aber die Chance ist groß, dass sich unter den zahlreichen Kopfbedeckungen schon der passende sportliche Tweedhut für das Wochenende auf dem Land oder ein Zylinder für elegante Hochzeiten findet.

Books for Cooks (Notting Hill, Tour 29, Seite 122)
4 Blenheim Crescent, W11, Tel. 020-72 21 19 92,
www.booksforcooks.com
Von Neuerscheinungen bis zum Antiquariat – hier gibt es mehr als 2000 Kochbücher fast aller Länder und Stilrichtungen. Geht man durch den Laden, stößt man auf ein kleines Restaurant, in dem jeden Tag zur Mittagszeit neue Rezepte ausprobiert werden (um einen Platz zu bekommen, muss man sogar reservieren; ❍).

Borough Market **(South Bank, Tour 9, Seite 41)**
8 Southwark St., SE1, www.boroughmarket.org.uk;
Do 11–17, Fr 12–18, Sa 8–17 Uhr

Zwar wird derzeit ringsum viel gebaut, doch der Markt unter den Eisenbahnbrücken, die engen Gassen, alten Häuser und Lagerhallen ringsum repräsentieren ein historisches Stück London. Wenn die Händler vormittags ihre Stände öffnen, duftet es nach frisch gebrühtem Kaffee. Auch Chefköche kauften hier beste britische Spezialitäten: Äpfel aus Kent und schottischen Wildlachs. Die Popularität des Markts hat dazu geführt, dass immer mehr Lebensmittelstände von Saftbars und exotischen Snackbuden verdrängt werden. Doch in Maria's Market Café gibt es weiterhin herzhafte Hausmannskost wie Bacon and Eggs.

Cath Kidston **(Chelsea, Tour 25, Seite 105)**
12 Cale Street, SW3, Tel.020-75 84 32 32, www.cathkidston.co.uk

Himmelblaue Ladenfront, ein nostalgisch anmutendes Interieur ... Ob Küchengeschirr, Kleider, Bettwäsche, Schlafanzüge, Handtücher, Taschen oder Bügelbrettbezüge, hier ist alles mit farbenfrohen Blüten, Tupfen oder Streifen bedruckt: sehr sommerlich und *very British*.

The Conran Shop
(Chelsea, Touren 24, 25, Seiten 100, 106)
Michelin House, 81 Fulham Road (Brompton Cross), SW3,
Tel. 020-75 89 74 01, www.conran.com

Niemand hat den Briten zeitgenössisches Design näher gebracht als der Designer und Gastronom Sir Terence Conran. 1931 geboren, gründete er 1964 das Einrichtungshaus Habitat, zwölf Jahre später den Möbel- und Lifestyle-Laden The Conran Shop. Allein schon dessen fantasievolle Schaufenster sind sehenswert. Und ob Möbel, Bücher über Design und Architektur, Spielzeug oder Wohnobjekte aus exotischen Ländern – das Sortiment ist umfangreich und ungewöhnlich.

Floris **(St. James's, Tour 3, Seite 17)**
89 Jermyn St., SW1, Tel. 0845-7 02 32 39, www.florislondon.co.uk
Tritt man über die Schwelle der seit 1730 bestehenden Parfümerie, wird man von einer Wolke exquisiter Düfte begrüßt. Die alten, mattglänzenden Mahagonivitrinen bergen exklusive Toilettenartikel, darunter Badeessenzen, Mundwasser und verschiedene Eau de Colognes, natürlich alles im Hause Floris selbst hergestellt. Der Gentleman schätzt auch die große Auswahl an Rasierpinseln, Elfenbeinbürsten und silbergefassten Kämmen.

Fortnum & Mason **(St. James's, Tour 3, Seite 18)**
181 Piccadilly, Tel. 020-77 34 80 40, www.fortnumandmason.co.uk
1707 gegründet und der edle Klassiker unter den Kaufhäusern, der sich zur Feier des 300-jährigen Jubiläums einen teuren Umbau leistete. Umgeben von Verkäufern im Cut und noblem Ambiente vergisst man ausnahmsweise, wie teuer London ist. Immer ein gutes Mitbringsel sind der in einer bemalten Dose verpackte Dundee Cake und die Ökoprodukte von Prinz Charles' Lebensmittelmarke »Duchy Originals«, eine der 180 Teesorten oder ein exotisches Chutney. In den oberen

Etagen findet man Mode, Porzellan, Schreibwaren und ein Restaurant mit britischer Küche (OO). Fortnum & Mason empfiehlt sich auch als idealer Ort für einen gepflegten Nachmittagstee.

Jo Malone **(Brompton, Tour 24, Seite 102)**
150 Sloane St., SW1, Tel. 0870-1 92 51 21, www.jomalone.co.uk
Die Düfte sind unverwechselbar. Nur bei Jo Malone gibt es Eau de Toilettes, die mit wilder Feige, Grapefruit oder Ingwer zusammengestellt werden. Dazu Duftkerzen, Raumsprays, Duschgels, Badeöle und absolut hochwertige Hautpflegeprodukte. Der Laden hat eine »Tasting Bar«, an der man Kosmetikmischungen als Teil einer Arm- oder Handmassage ausprobieren kann, und zwar gratis.

Paperchase **(Bloomsbury, Tour 14, Seite 62)**
213–215 Tottenham Court Rd., W1, Tel. 020–74 67 62 00, www.paperchase.co.uk
Die richtige Adresse für schöne Geburtstagskarten, originelle Notizbücher ebenso wie handgeschöpftes, edles Briefpapier. Zudem führt der Riesenladen ein fantastisches Sortiment an Geschenkartikeln.

Rococo **(Chelsea, Tour 25, Seite 106)**
321 King's Road, SW3, Tel. 020-73 52 58 57, www.rococochocolates.com
Ein kleines Schokoladen-Dorado an der King's Road. Kaum entscheiden kann man sich angesichts der handgemachten Trüffeln und Prali-

nen mit Aromen wie Chili, Estragon und Rose. Die netten Verkäuferinnen laden häufig auch zum Naschen ein, ehe die Köstlichkeiten dann in blau-weißem Papier verpackt werden.

Selfridges (Mayfair, Tour 13, Seite 58)
400 Oxford St., W1, Tel. 0800-12 34 00,
www.selfridges.com

Das Konsumimperium an der Oxford Street führt Topdesigner, Avantgardemode sowie Möbel und Haushaltswaren. Eine riesige Parfüm- und Kosmetikabteilung empfängt gleich beim Eingang im Erdgeschoss. In der exzellenten Food Hall kaufen die Londoner ein, wenn sie etwas Besonderes zum Dinner suchen: die Hummerterrine oder Süßigkeiten aus dem Libanon.

The Spice Shop (Notting Hill, Tour 29, Seite 122)
1 Blenheim Crescent, W11, Tel. 020-72 21 44 48,
www.thespiceshop.co.uk

Der winzige Shop ist der beste Gewürzladen der Stadt. Das Angebot umfasst 2500 Kräuter und Gewürze aus aller Welt, darunter Chili aus Malaysia und Sri Lanka, Granatapfelgewürz aus dem Libanon, mexikanischer Kakaopuder und nicht weniger als 40 Curry-Mischungen. Was Besitzerin Birgit Erath (gebürtig aus dem Schwarzwald) nicht vorrätig hat, wird extra bestellt (bei Lieferanten rund um den Globus).

Tomtom (Belgravia, Tour 11, Seite 50)

63 Elizabeth Street, SW1, Tel.020-77 30 17 90, www.tomtom.co.uk

Die besten Zigarren der Welt kommen aus Havanna. Das ist bekannt. Es erstaunt jedoch, welch unglaubliche Auswahl davon man in diesem schick gestylten Fachgeschäft findet, darüberhinaus Zigarren aus Honduras und Nicaragua. Einen Aficionado können auch die gut vierzig Pfund für die feinste Montecristo nicht schrecken.

R. Twinings & Co (Strand, Tour 16, Seite 70)

216 Strand, WC2, Tel. 020-73 53 35 11, www.twinings.com; Mo–Fr 9.30–16.30 Uhr

Earl Grey ist ein leichter Tee aus China, aromatisiert mit dem Öl der Bergamotte, der zu jeder Tageszeit getrunken werden kann. Benannt wurde der Tee nach Charles, dem zweiten Earl Grey (britischer Premierminister 1830–1834), der die Firma Twinings beauftragte, ihm einen Tee zu mischen, wie er ihn von einem chinesischen Mandarin geschenkt bekommen hatte. Noch viel mehr erfährt man über die Geschichte der weltberühmten Teefirma in dem kleinen Shop mit Museum, z. B. auch, dass Twinings 1706 genau hier gegründet wurde und seit 1837 königlicher Hoflieferant ist. Der Laden führt Teesorten und Zubehör – eine Tasse Tee gibt es kostenlos.

VV Rouleaux (Marylebone, Tour 13, Seite 58)

102 Marylebone Lane, W1, Tel. 020-72 24 51 79, www.vvrouleaux.com

Ein farbenfrohes Paradies für Accessoires. Wer nach Schleifen, Ansteckblumen oder einer Federboa sucht, findet hier die passenden Kleinigkeiten für jede erdenkliche Gelegenheit. Im Souterrain inspririeren zur Weihnachtszeit festliche Dekorationsideen.

Baltic (Southwark)
74 Blackfriars Road, (bei Ⓤ Southwark), SE1, Tel.020-79 28 11 11, www.balticrestaurant.co.uk; Lunch 12–15.30 Uhr, Bar 12–24 Uhr, Dinner 17.30–23.15 Uhr, kein Ruhetag.

Von außen ist Baltic ein viktorianisches Stadthaus. Doch sobald man durch einen roten Samtvorhang geschlüpft ist, steht man in einer coolen Bar. Wer Wodka liebt, ist gut aufgehoben: Cocktails und Longdrinks – perfekt dosiert mit Wodka, Gewürzen und Natursäften, in geeisten Schnapsgläsern Wodka Shots in 46 Variationen, dazu Barsnacks wie Blinis mit Räucherlachs – rundum ein empfehlenswerter Ort für entspannte Drinks. Sonntagabends Jazz, Soul und R & B. Eine Treppe tiefer: ein Restaurant mit Spezialitäten aus Osteuropa.

Cargo (Shoreditch, East End)
83 Rivington Street, Tel. 020-77 49 78 44, www.cargo-london.com; Mo–Do 18–1, Fr/Sa 18–3, So 18–12 Uhr; Eintritt £7–10

Viel Jazz, Soul und nordafrikanischer Funk in einem umgebauten Gewölbe unter einer Eisenbahnbrücke unweit des Börsenviertels. Ein kleines Restaurant serviert herzhafte Snacks, im Sommer haben die Barbecues im Garten großen Zulauf.

Duke's Hotel (St. James's)
35 St. James's Place, SW1, Tel.020-74 91 48 40, www.campbellgrayhotels.com; täglich von 12 Uhr bis Mitternacht
In einer stillen Ecke nahe St. James's Palace gelegen, ist Duke's Hotel eines der bezauberndsten Hotels der Stadt. In der Bar fühlt man sich wie in einem exklusiven Gentlemen's Club. Mahagoni, Ölgemälde, Gäste, die wie pensionierte Kolonialoffiziere Ihrer Majestät aussehen ... die Bar passt wie maßgeschneidert zum vornehmen Viertel St. James's. Angeblich gibts hier die besten Martinis in ganz London.

FABRIC (Smithfield Market)
77A Charterhouse Street, EC1, Tel. 020-7336 8898, www.fabriclondon.com, zumeist Fr ab 22, Sa ab 23 Uhr bis spät bzw. früh morgens. Eintritt in der Regel £14–£20.
Riesige Disco, in der sich 1500-2000 Leute tummeln. DJs spielen Freitags Breaks, Drum 'n' Base und Hip Hop, Samstags Techno, House, Electronica und Tech-House.

93 Feet East (Spitalfields, Tour 20, S. 85)
150 Brick Lane, E1, Tel. 020-72 47 32 93, www.93feeteast.co.uk; Mo–Do 17–23, Fr 17–1, Sa 12–1, So 12–22.30 Uhr; So, Mo und Fr Eintritt frei, sonst £ 5–7

In der umgebauten Brick Lane Music Hall befindet sich heute einer der beliebtesten Londoner Musikklubs auf drei Etagen und mit mehreren Bars. Die DJs heizen den Tänzern mit jeder Menge Hip-Hop und Reggae ein.

Jazz Café (Camden Town)
5 Parkway, Camden Town, NW1, Tel. 020-74 85 68 34, www.jazzcafe.co.uk; tgl. 19–2 Uhr; Tickets £ 12,50–35
Eine der besten Adressen für Jazz- und Soulfreunde, denn hier treten namhafte Künstler auf. Auf der Galerie hat man den besten Platz.

Ministry of Sound (Elephant & Castle)
103 Gaunt Street, SE1, Tel. 020-7740 86 00, www.ministryofsound.com; meist Fr und Sa je nach Event; Eintritt ca £ 13
Der weltbekannte Superclub auf zwei Etagen ist so ziemlich der einzige Grund für einen Ausflug nach Elephant & Castle in Südlondon. Bekannte DJs legen hauptsächlich House und Garage-Musik auf.

Rumba (Soho)
36 Shaftesbury Avenue, W1, Tel. 020-72 87 69 33, www.barrumbadisco.co.uk; Mo, Mi, Do 22–3 Uhr früh, Di 18.30–3 Uhr, Fr, Sa 20–3, So 21–3 Uhr; Eintritt ab £ 5
Zwischen Leicester Square und Piccadilly gelegen, inzwischen schick renoviert, mit bewährtem Konzept und neuen Ideen: hier wird wirklich getanzt. Die Macher erfinden zukräftige Partyevents, doch die Hauptattraktion in diesem Club ist Salsa.

Southbank Centre (South Bank, Tour 17, Seite 74)
Belvedere Road, SE 1, Tel. 020-79 60 42 00, www.rfh.org.uk; Foyer 10–23 Uhr

Das Kulturzentrum am Südufer der Themse umfasst drei Konzerthäuser für Klassikfreunde: die 1951 eröffnete und 2005–2007 renovierte Royal Festival Hall für große Symphonieorchester, die kleinere Elizabeth Hall für Klavierkonzerte und den Purcell Room für Kammerkonzerte. Täglich finden kostenlose Foyer-Veranstaltungen von 12.30 bis 14 Uhr statt. Jazz steht freitags am frühen Abend auf dem Programm. Die Flusspromenade bietet mit Cafés und Läden viel Unterhaltung.

Vertigo 42 (City)
Tower 42, 25 Old Broad Street, EC2, Tel. 020-78 77 78 42, www.vertigo42.co.uk; Mo–Fr 12–16.30 und Mo–Sa auch 17–23 Uhr

Im 42. Stockwerk eines City-Wolkenkratzers zu sitzen, auf die umliegenden Glaspaläste und Skyscraper zu schauen und dabei ein Glas Champagner zu trinken prickelt im wahrsten Sinne des Wortes. Am schönsten ist der Besuch in der Champagnerbar Vertigo 42 nach Einbruch der Dunkelheit. Dann erstrahlt der nahe, von Stararchitekt Lord Norman Foster entworfene Turm namens 30 St. Mary Axe (oder »The Gherkin«) in nächtlichem Glanz und Selbstbewusstsein. Es kann laut werden. Je später der Abend, desto fröhlicher die vielen Börsianer, die sich hier vom Stress der Finanzwelt erholen. Eine Tischreservierung ist unabdingbar. Strenge Sicherheitskontrollen absolviert man im Foyer.

Frühling

März/April: Oxford and Cambridge Boat Race: Ruderregatta der Universitätsmannschaften auf der Themse von Putney bis Mortlake. Am besten verfolgt man das Rennen in einem der Themsepubs an der Strecke. www.theboatrace.org

London Marathon: Mit über 30 000 Teilnehmern einer der größten Marathons der Welt von Greenwich Park über die Isle of Dogs, Victoria Embankment und St. James's Park bis zur Mall. www.london-marathon.co.uk

Mai: Chelsea Flower Show: Weltberühmte Gartenschau auf dem Gelände des Chelsea Royal Hospital. Tickets können ab November auch über das Internet bestellt werden. Kein Kartenverkauf am Eingang. Royal Hospital Road, www.rhs.org.uk

Sommer

Juni: Royal Academy Summer Exhibition: Große Sonderausstellung von Amateurmalern und professionellen Künstlern, die hier zum ersten Mal präsentieren. www.royalacademy.org.uk

Beating the Retreat: Militärparade in der Horse Guards Parade in Whitehall.

Trooping the Colour: Offizielle Geburtstagsparade der Queen. Um 10.45 Uhr begibt sie sich zur Horse Guards Parade, nimmt die Parade ihrer Soldaten ab und kehrt zum Buckingham Palace zurück, wo sie sich auf dem Balkon den Menschen zeigt. Tel. 020-74 14 24 79, www.royal.gov.uk/output/Page4934.asp

Wimbledon Lawn Tennis Championships: Prestigeträchtiges

Turnier: Tennisasse, Erdbeeren mit Sahne, Champagner und häufig schlechtes Wetter. All England Lawn Tennis Club, Church Road, Wimbledon, www.wimbledon.org

Juli bis September: The Proms – BBC Henry Wood Promenade Concerts: Eklektische, meist klassische Konzertreihe. Royal Albert Hall, Kensington Gore, Tel. 0845-4 01 50 40, www.bbc.co.uk

August: Notting Hill Carnival: Europas größte Straßenparty, immer am letzten August-Wochenende von den Karibik-Briten organisiert; mit Kostümparade und Reggae-Sound im ganzen Viertel. Sonntags findet die Kostümparade der Kinder statt. Notting Hill, www.lnhc.org.uk

Herbst

September: Brick Lane Festival: Die bengalische Gemeinde von Spitalfields präsentiert kulinarische Spezialitäten und Musik. www.bricklanefestival.com

London Film Festival: 150 neue britische und internationale Produktionen werden gezeigt, viele davon im National Film Theatre am Südufer der Themse. www.lff.org.uk

Winter

November: State Opening of Parliament: Die Queen fährt in einer Staatskutsche zu den Houses of Parliament und hält die Eröffnungsrede zur Parlamentssaison. House of Lords, Westminster.

Lord Mayor's Show: Farbenfrohe Parade des neuen Oberbürgermeisters in der City, immer am zweiten Samstag im November. www.lordmayorsshow.org

Februar: Chinese New Year: China Town feiert das chinesische Neujahrsfest mit Umzügen und Feuerwerk. www.chinatownchinese.com

Apotheken
Medikamente erhält man täglich von 9 bis 24 Uhr bei **Bliss Chemist,** 5–6 Marble Arch, W1.

Botschaften
- **Deutschland:** 23 Belgrave Sq., SW1, Tel. 020-78 24 13 00, www.london.diplo.de.
- **Österreich:** 18 Belgrave Mews West, SW1, Tel. 020-73 44 32 50, www.aussenministerium.at/london
- **Schweiz:** 16–18 Montagu Place W1, Tel. 020-76 16 60 00 www.eda.admin.ch/london.html

Fundsachen
- **TfL Lost Property Office:** 200 Baker St., NW1, Tel. 08 45-3 30 98 82, Mo–Fr 8.30–16 Uhr
- **Verluste in Zügen:** Tel. 08 70-0 00 51 51
- **Verluste in Taxis:** Tel. 0845-3 30 98 82, Mo–Fr 8.30–16 Uhr

Geld
Währung ist das Pfund Sterling (1 £ = 100 Pence). Banken sind in der Regel 9–16.30 Uhr geöffnet. An Geldautomaten (Cash Point) bekommt man mit Kredit- bzw. Bankkarten Bargeld.

Feiertage
Neujahrstag; Karfreitag; Ostermontag; der erste Montag im Mai; der letzte Montag im Mai; der letzte Montag im August; der erste und zweite Weihnachtsfeiertag. Fällt ein Feiertag auf einen Samstag oder Sonntag, wird der darauf folgende Montag zum Feiertag.

Kartenvorverkauf
Günstige Theaterkarten für den jeweiligen Tag gibt es bei **tkts** im Clocktower Building, Leicester Sq., Mo–Sa 10–19, So 11–16 Uhr. www.officiallondontheatre.co.uk

Notruf
Tel. 999

Pubs
Pubs öffnen meist um 11 Uhr; manche schließen nachmittags.

Mit neuer Lizenz dürfen sie länger als 23 Uhr geöffnet sein.

Sicherheit

In Acht nehmen sollte man sich vor Taschendieben in der U-Bahn und in großem Gedränge. Die Gefahr von Terroranschlägen ist nach wie vor hoch. Strenge Kontrollen an den Flughäfen und in großen Museen sind die Regel.

Telefon

Für das Stadtgebiet gilt die Vorwahlnummer 020, bei Anrufen aus dem Ausland: 00 44 20. Telefonzellen funktionieren mit Münzen, Kreditkarten und in Postämtern erhältlichen Phone Cards.

- **Telefonauskunft** für London und GB: 11 81 18 und 11 88 88.
- **Internationale Vorwahlen:** Deutschland 00 49, Österreich 00 43, Schweiz 00 41, GB 00 44.

Toiletten

Sie sind in Hotelfoyers, Kaufhäusern, Supermärkten, Fastfood-restaurants, Museen und anderen Attraktionen zu finden. Ein Plan der Toiletten in U-Bahnstationen und Bahnhöfen zum downloaden unter www.tfl.gov.uk/gettingaround/14091.aspx

Touristeninformation in London

British Travel Centre,
12 Regent Street, W1,
Mo–Fr 9–18.30,
Sa und So 10–16 Uhr.

Websites

- **www.londontown.com** (aktuelle Informationen zu Attraktionen und Veranstaltungen)
- **www.whatsonstage.com** (Infos zu Theatervorstellungen)
- **www.squaremeal.co.uk** (Essen und Trinken)
- **www.royal.gov.uk** (Monarchie)
- **www.london2012.com** (Olympische Spiele)
- **www.londonfreelist.com** (London umsonst)
- **www.visitbritain.de** bzw. **.at.** oder **ch** (Informationen, Broschüren und Tickets)

Anreise per Flugzeug

▌**Heathrow** (Tel. 0844-3 35 18 01, www.heathrowairport.com): gute U-Bahn-Anbindung (Piccadilly Line) an die Innenstadt, 45–60 Min.; Heathrow Express ab/bis Paddington Station 15 Min. (www.heathrowexpress.com); National-Express-Busse (www.nationalexpress.com) ab/bis Victoria Station ca. 1 Std.

▌**Gatwick** (Tel. 0844-3 35 18 02, www.gatwickairport.com) im Süden: Expresszüge ab/bis Victoria Station 30 Min., (www. gatwickexpress.com); Normalzüge 35 Min.; Busse von National Express ca. 90 Min.

▌**Stansted** (Tel. 08 70-3 35 18 04, www.stanstedairport.com) im Nordosten: von vielen Billig-Airlines angeflogen. Stansted Express ab/bis Liverpool St. Station 45 Min. (www.stanstedexpress.com); National-Express-Busse 1,5–2 Std.

▌**Luton** (Tel. 0 15 82-40 51 00, www.london-luton.co.uk) im Norden: Shuttlebus ab/bis Victoria Station (www.greenline.co.uk) 1,5 Std.

▌**City Airport** in den Docklands (Tel. 020-76 46 00 88, www.londoncityairport.com): viel von Business-Fliegern benutzt. Docklands Light Railway nach Tower Hill oder Bank.

Unterwegs in London

▌**Travel Information** zu Bussen, U-Bahn und Docklands Light Railway: Tel. 0843-2 22 12 34, www.tfl.gov.uk

U-Bahn – The Tube

Das 408 km lange U-Bahnnetz (das älteste der Welt) ist übersichtlich, aber Reparaturen bedingen temporäre Schließungen. Betriebszeiten: 5.30–24 Uhr.

Einzelfahrpreis in Zone 1 + 2: £4. Preisgünstiger sind die Oyster Card (eine wieder aufladbare Prepaidkarte, nicht für alle Zugstrecken gültig) bzw. die Varianten der Visitor Travelcard, die für Busse, Bahn und U-Bahn gilt (www.tfl.gov.uk dann *Tickets* dann *Fares* anklicken).

U-Bahnnetzpläne einschließlich der Docklands Light Railway mit allen 6 Tarifzonen sind an jeder Station erhältlich.

Busse

Die Zahl der Busse ist seit 2004 enorm gestiegen. Sie kommen meist in Minuten-Abständen. An Request Stops signalisiert man mit Handzeichen, dass man mitgenommen werden möchte. Nachtbusse sind mit einem »N« gekennzeichnet.

Einzelfahrt £ 2 (mit Oyster Card £ 1,50). In der Londoner Innenstadt löst man Einzeltickets vor dem Einsteigen an Automaten an der Haltestelle.

Auf sog. Heritage Routes fahren noch zehn der berühmten Routemaster-Doppeldeckerbusse an Londons Sehenswürdigkeiten vorbei. Stopps z. B. Piccadilly Circus und Trafalgar Square. Betriebszeiten: 9.30–18.30 Uhr, alle 15. Min.; normale Bustarife.

Taxis

Die Black Cabs sind teuer (Sa, So und nach 20 Uhr erhöhter Tarif). Es ist üblich, ein Taxi auf der Straße heranzuwinken. Vorreservierung kostet einen Aufschlag.

- **Radio Taxis:**

Tel. 020-72 72 02 72,

Minicabs sind sind zwar preiswerter, aber nicht immer seriös. Alle wie die Black Cabs von Transport for London lizensierten Wagen erkennt man an einem gelben Sticker im Fenster.

- **Lady Mini Cabs:** Tel. 020-72 72 33 00, www.ladyminicabs.co.uk Speziell für Frauen.

Themseschiffe

Thames Clippers sind Pendelboote im Linienverkehr (www.thamesclippers.com).

Die Londoner Verkehrsunternehmen Transport for London (www.tfl.gov.uk) unterhalten den River Bus Service, die Themseschiffe verkehren ebenfalls fahrplanmäßig.

Die Autorin:

Josephine Grever

studierte Sozialpädagogik und Soziologie in Aachen und lebt seit 1975 in London als ständige Korrespondentin einer Reihe von Architektur- und Lifestyle-Magazinen. Die Autorin des Polyglott on tour London verfasst zahlreiche Artikel und Beiträge, viele davon über ihre Wahlheimatstadt und deren Bewohner.

Impressum

GANSKE TRAVEL MEDIA GmbH
Ein Unternehmen der
GANSKE VERLAGSGRUPPE
Harvestehuder Weg 41
D-20149 Hamburg
Autorin: Josephine Grever
Lektorat: Trudie Trox, via-Redaktion
Layout: Polyglott Chaos Productions, München
Umschlaggestaltung: 4S_art direction, Svea Stoss, Köln
Satz: Schulz Bild + Text, Hamburg
Kartografie: GeoGraphic Publishers, München
Kartografie Umschlag: Polyglott Kartografie

Manufactured in China by Macmillan Production (Asia) Ltd.
ISBN 978-3-493-60193-0

PT 10J1 ◆ 11010

Bildnachweis:

93 Feet East: 146; Alamy/David Pearson: 65-2; Antiquarius: 105; APA Publications: 33, 108; APA Publications/Glyn Genin: 46-2; Benjamin Franklin Museum: 65-1; Bildagentur Huber: 17, 54-2; Bildagentur Huber/Ripani Massimo: 40, 50-1, 110-1, 118-1; Berkeley Hotel: 48, 128; Borough Market: 6-3, 138; Carluccio's: 58-1, 133; Cargo: 6-4, 145; Cath Kidston: 139; Chelsea Physic Garden: 109; Covent Garden Hotel: 24; Crypt Café: 34-2; Daunt: 57; Docklands Ancestors 2005: 89; ecomedia/Robert B. Fishman: 44, 74-1, 82, 84, 96, 97, 120; Egerton House Hotel: 129; Fan Museum: 98-2; Flickr public image: 114; Foto Begsteiger/Berghofer: 45-2; Ralf Freyer: 22-1; Glasshouse: 126-2; Emmelie Haarhoff: 45-1; Handel House/Country Life Picture Library/Jane Buck: 54-1; IFA-Bilderteam/Walsh: 49; Thomas Kliem: 9-1, 9-2; La Famiglia: 106; laif/Gonzalez: 6-2, 85; 135-1; laif/Hemispheres: 14-1, 28, 56, 58-2, 69-1, 69-2, 70, 78-2; laif/Hoffmann: 46-1, 86, 116; laif/K. Hoffmann: 126-1; laif/Hollandse Hoogte: 93-3, 147; laif/Hub: 42-2, 61-1, 90-1; laif/Jaenicke: 144; laif/Le Figaro Magazine: 81, 122-1; laif/Sasse: 18-1; laif/Westrich: 80; laif/Zielske: 16, 18-2; leonardo.com: 102-2; Bettina Lindenberg: 148; Main House: 130-1; mauritius-images/age fotostock: 14-2, 118-2; mauritius-images/Garden Picture Library: 77-1; mauritius-images/Oxford Scientific: 113; mauritius-images/Doug Scott: 53; mauritius-images/SuperStock: 64, 125-1; mauritius-images/Steve Vidler: 62; Jo Malone: 141; Hans-Peter Merten: 10-1, 25, 26-2, 29, 34-1, 36, 73-1, 73-2, 92, 93-1; Open Air Theatre: 78-1; Pixelio: 13; Pixelio/Herbert Dazo: 21, 110-2; Pixelio/Hartmut910: 10-2; Pixelio/pcwinne: 12; Pixelio/Andri Peter: 38-2; Pixelio/Steve Prinz: 122-2; Pixelio/Hans Snoek: 77-2; Pixelio/Thrish: 60; Pixelio/Bernhard Thürauf: 38-1; Pixelio/Martina Valerius: 74-4; Plateau: 94, 135-2; Polyglott Chaos Productions: 26-1, 37, 42-1, 41-2, 42-1; Rockwell: 6-1, 130; Rococo: 142-1; Royal Court Theatre: 104; Rules: 66, 136; Soho Hotel: 131; Thomas Staiger: 100; The Grapes: 90-2; The Spice Shop: 142-2; Martin Thomas: 13-2, 30, 52, 61-2, 121-1, 121-2, 125-2; Tomtom: 50-2; Town of Ramsgate: 88; Wimbledon Village Stables: 112; Ernst Wrba: 8, 20, 22-2, 98-1, 101, 102-1, 117, 140; Yming: 132, 137.

www.polyglott.de

Alle Informationen stammen aus zuverlässigen Quellen und wurden sorgfältig geprüft. Für ihre Vollständigkeit und Richtigkeit können wir jedoch keine Haftung übernehmen.

Ergänzende Anregungen bitten wir zu richten an:
GANSKE TRAVEL MEDIA GmbH
Redaktion Polyglott, Harvestehuder Weg 41,
D-20149 Hamburg, E-Mail: redaktion@polyglott.de